中国奥运第一人

張伯苓的故事

ZHONGGUO AOYUN DIYIREN
ZHANGBOLING

孙海麟◎主编

人民出版社

责任编辑：张益刚
装帧设计：鼎盛怡园

图书在版编目（CIP）数据

中国奥运第一人——张伯苓的故事／孙海麟　主编．
－北京：人民出版社，2008．5

ISBN 978－7－01－007064－3

Ⅰ．中…　Ⅱ．孙…　Ⅲ．张伯苓（1876～1951）－生平事迹　Ⅳ．K825．46
中国版本图书馆CIP数据核字(2008)第072680号

中国奥运第一人——张伯苓的故事
ZHONGGUO AOYUN DIYI REN ZHANGBOLING DE GUSHI

孙海麟　主编

人民出版社出版发行
（100706　北京朝阳门内大街166号）

北京瑞古冠中印刷厂印刷　新华书店经销

2008年5月第1版　2008年5月第1次印刷
开本：710毫米×1000毫米　1/16
字数：153千字　印张：10．25
ISBN 978－7－01－007064－3　定价：19．80元

邮购地址　100706　北京朝阳门内大街166号
人民东方图书销售中心　电话（010）65250042　65289539

本书编撰人员

主　编：孙海麟

顾　问：张元龙

总撰稿：周鸿飞

撰　稿：周利成　梁吉生　崔乐泉　罗时铭　王　军

栾开封　吕　威　杨向东　张雪梅

统　筹：罗世龙　董润平　武佩铃

目　录

引言　谁是中国奥运第一人

2001年7月13日22时10分。

俄罗斯首都莫斯科，国际奥委会第112次全体会议会场。

两轮投票过后，时任国际奥委会主席萨马兰奇宣布，第二十九届奥林匹克运动会举办城市是北京，在场的中国北京申奥代表团顿时欢呼雀跃，击掌相庆。

外国朋友热情地向中国北京代表团的成员祝贺。

当晚的莫斯科，中国人成了最幸福的人！

喜讯传到中国，首都北京和全国城乡欢腾了！

百万北京市民自发上街庆贺，人们挥舞着国旗，汽车用笛声呐喊，青年人聚集在天安门广场敲锣打鼓，载歌载舞，到处都成了人的海洋、五星红旗的海洋！

中国中央电视台在第一时间传递了胜利的喜讯。

四个大字由小到大，铺满荧屏："我们赢了！"

是的，中国人民赢了，奥林匹克理念赢了！

当一个拥有五千年悠久历史和灿烂文明、占人类总人口五分之一的国家取得奥运会举办权的时候，不仅是这个国家赢得了展示自己的机会，更有对奥林匹克运动本身的贡献，它的巨大意味与内涵，任何一个有判断能力的人都清楚。

正如国际奥委会评估委员会指出的，在中国举办奥运会，将"给中国和世界体育留下独一无二的宝贵遗产"。

随着时间的推移，第二十九届奥运会的筹备工作正在有序地进行着：

会徽、口号、吉祥物、传递火炬相继问世；

一座座奥运比赛用的场馆揭开面纱；

一项项“好运北京”赛事精彩登场；

中国正在朝着向国际社会兑现“绿色奥运、科技奥运、人文奥运”三大理念的庄严承诺的目标大步迈进。

然而，作为第二十九届奥运会的举办国，还有一项重要的人文建设被人关注，即回顾中国奥林匹克运动的缘起与发展，弘扬奥林匹克精神，为举办一届“有特色、高水平”奥运会而努力奋斗。

青年时期张伯苓

人们自然要问：中国的奥林匹克运动是怎样发展起来的？最早在中国传播与倡导奥林匹克运动的是谁？

有人说，中国奥运第一人是刘长春。诚然，1932 年刘长春代表中国参加了在美国洛杉矶举行的第十届奥运会，说他是参加奥运会的中国第一个运动员，这毫无疑问，而称他是中国奥运第一人还不符合事实。

也有人说，中国奥运第一人是王正廷。诚然，1922 年王正廷被选为国际奥委会委员，说他是参加国际奥委会工作的第一个中国人，这毫无疑问，但称他是中国奥运第一人也不符合事实。

那么，到底谁是中国奥运第一人？

确凿的史料表明，著名爱国教育家、天津南开学校创始人之一张伯苓先生，不仅在 1907 年 10 月 24 日最早倡导在中国开展奥林匹克运动，而且为在中国传播与践行奥林匹克精神进行了不懈的奋斗，他是当之无愧的中国奥运第一人！

现任国际奥委会主席罗格先生写道：

国际奥委会主席雅克·罗格

“张伯苓与顾拜旦先生是同时代人，他与顾拜旦一样，首先也是一位教育家，并且是一位体育家。张伯苓在顾拜旦重新创立现代奥林匹克运动仅仅几年之后，作为天津南开中学的创始人之一，他认识到，在提倡普及与参与体育的同时，把教育同体育结合在一起具有重要意义。他同时卓有远见地倡导中国加入世界奥林匹克运动。”

根据张伯苓为奥林匹克运动所做的贡献，有人称他是“中国的顾拜旦”。

在这本书里，读者将有机会与编著者一起，循着张伯苓先生的人生轨迹，重温奥林匹克运动在中国的缘起与发展，进而体味奥林匹克运动对于人类文明史的重大贡献及其旺盛的生命力……

1.报考北洋水师学堂

在中国近代史上，有一支让国人内心交织着悲壮与屈辱的军队——北洋水师。透过文艺作品，人们景仰这支军队中邓世昌等爱国将士的舍生取义，慷慨赴死，也熟知清王朝在中日甲午战争中的腐败无能，丧权辱国。

其实，更多的北洋水师官兵是默默无闻的，他们为保卫国家的疆域而战斗或捐躯，却背负着太多的历史责任。本书的主人公张伯苓，就是他们之中的一员。

张伯苓，名寿春，1876年（清光绪二年）4月5日生于天津。张伯苓的父亲张久庵年轻时不重功名，教家馆，精乐器，人称“琵琶张”。张伯苓降生时，张久庵年届四十有三，人到中年的他，意识到人生苦短，应有作为，就坚决不让孩子再玩琵琶，说是玩琵琶会玩物丧志。他把希望全都寄托在孩子的身上，寄托在对孩子进行良好的教育上。

为此，张久庵凭借着在天津的名望，请津门耆宿于泽久先生按照自己的意思题诗一首，诗云：“功名蹭蹬老风尘，寄傲弦歌乐此身。置散投闲殊自得，读书有子不嫌贫。”通过这首诗，人们不难看出张久庵对于张伯苓的要求与期望。张伯苓记住了这些教诲，成年后请书法家吕咸先生书写，装裱在镜框内，作为张家的家训传世。

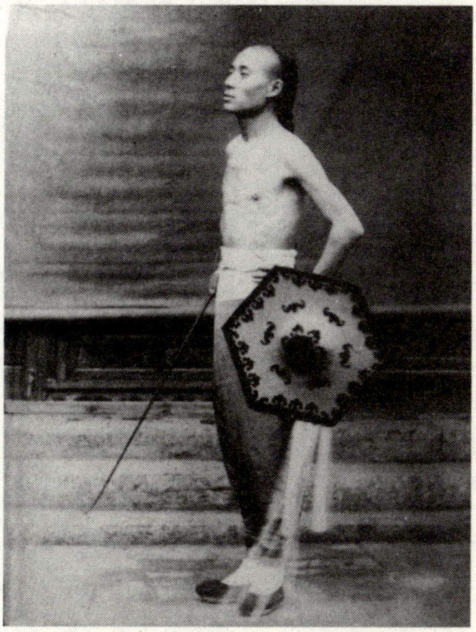
在北洋水师学堂求学时的张伯苓

张伯苓自幼聪颖，年龄稍长性情刚直，每逢路见不平，常为弱者辨析是非曲直。当时正值张久庵家道中落，每日为生计奔走操劳，无力为张伯苓延师教学。这个时候刚好有位同族家道殷实，请了家馆老师教子读书，张久庵征得该家同意，遂送张伯苓前去附读。但是，好景不长，张馆告停，张伯苓失学。不久，有位刘先生开办义塾，设馆招收贫寒子弟，张伯苓这才得以继续求学。

19 世纪中后期，中国洋务运动日益发展。在推进洋务运动的过程中，时任直隶总督兼北洋大臣的洋务派代表人物李鸿章，认为培养人才是当务之急，比较注重提倡创办与洋务事业配套的新式学堂，1880 年他奏请清廷在天津设立了北洋水师学堂。1891 年，不满十四岁的张伯苓以优异成绩考入这所为培养北洋海军后备人才的军事学堂。

为了延揽人才，吸引学生，北洋水师学堂招生时提出了优渥的就学条件，规定来学堂读书的学生，不仅免交食宿费，而且每月发放赡银四两的补贴。这样的条件，对于立志求学却苦于家境不佳的贫寒子弟确实有吸引力。当时中华民族正面临着生死存亡的严峻考验，许多热血青年以反对列强侵略、挽救民族危亡为己任，希望通过学习西方先进的军事科学知识和技能来寻求强国的路径。

张伯苓自幼家境贫寒，生活坎坷，对国家危难更有一番深刻的体验，自然心存报国壮志。天津作为北京的门户，历来是北方陆路海航的重要码头，战略地位非常重要，海军又是现代化程度较高的新兴兵种，因此，在天津北洋水师学堂学习，将来比较容易为保家卫国尽一份力量；加上北洋水师学堂优厚的学习条件，这都成为他报考这所学堂的直接原因。

张伯苓着北洋水师军服

张伯苓入学后学习驾驶，每次考试都名列第一。其时的北洋水师学堂总教习和监督，是从英国留学归来的近代中国著名启蒙思想家严复。严复主张改革中国的传统教育，引进西学，开启民智，以教育为强国之本。他向学生传播达尔文的进化论，强调在激烈竞争的时代通过教育提高国民的素质。受严复的影响，张伯苓较早地接受了西方教育思想，接触了西方近代体育。

年幼时张伯苓曾体弱多病，在北洋水师学堂他不但得到游泳、单杠、双杠、兵式体操等中国传统体育项目的训练，而且学会了击剑、拳击、哑铃、足球、跳栏、竞走、跳远、跳高等外来的体育项目。体育锻炼和重视习武让张伯苓的身体变得健康而强壮，他对各种强身健体的体育活动都很热衷，并且样样精通，尤其擅长爬桅杆，他爬桅杆速度之快闻名全校，年年夺标。

2.威海卫与巴黎

1894年，十八岁的张伯苓以第一名的优异成绩在北洋水师学堂第五期驾驶班毕业。正当他壮怀激烈地投身军旅生活，憧憬着驾驶战舰、抵御列强、报效国家的前景的时候，中日甲午战争爆发了。

张伯苓来到山东威海卫刘公岛北洋水师驻地，听到的是中国海军惨败、几乎全军覆没的消息，而整个北洋水师竟然没有一艘可供水师学堂毕业生实习用的舰艇，对此张伯苓无比悲愤，受到极大的刺激。随后，他在刘公岛目睹了一个英国兵和一个中国兵站岗的情景：英国兵身材魁伟，穿戴得很庄严，面上露着轻蔑中国人的眼神；而中国兵，面色憔悴，两肩高耸，身穿一件破旧的衣服，胸前有个“勇”字……

在张伯苓的眼里，这两个兵真有天地的分别，作为一个中国人，他感到一种难言的苦涩。他站在刘公岛的海岸，眼望苍茫的大海，耳听着海浪拍岸，心潮澎湃。他忽然意识到，自己苦苦思索并寻求的海军救国之路却救不了中国！看来，国家的强弱固然与国防武备有着重要关系，而更重要的是国民的科学文化素质和体魄健康状况，在现代世界中欲求生存，必须有强健的国民。因为无船实习和操练，张伯苓与他的同学们不得不回家待命。

皮埃尔·德·顾拜旦

就在张伯苓为中日甲午战争的失败而愤懑的时候，在遥远的欧洲，也有一位爱国志士在为他的祖国的命运而忧心忡忡。他叫皮埃尔·德·顾拜旦（Pierre

De Coubertin，1863—1937)，1863 年 1 月 1 日出生于法国巴黎一个信仰天主教的贵族家庭。顾拜旦是家中最小的孩子，从少年时代就对体育有了广泛的兴趣，他聪明伶俐、勤奋好学，对文史课程有浓厚的兴趣，并饶有兴味地涉猎了古希腊的灿烂文化。中学毕业后，他先入军事学院就读，继而攻读教育，后又赴英国留学。那时，他对法国在 1870 年的普法战争中失利深感痛心，希望通过改革教育，增强民众体质，来振兴法国。

陶瓷制品上记录的古代奥林匹克运动会上运动员跑步场景

在古希腊文化熏陶和当时英国资产阶级教育的影响下，顾拜旦萌发了改革法国教育制度和倡导体育运动的思想。大学毕业后，他没有听从父母的规劝，选择了从事教育和体育的道路。回国后，他陆续发表了《教育制度的改革》、《运动的指导原理》等一系列著作，提出不少改革教育和发展体育的建议，产生了一定的国际影响。1888 年，顾拜旦就任法国学校体育训练筹备委员会秘书长。翌年，他代表法国参加了在美国波士顿召开的体育训练大会。与会期间，他进一步了解了世界体育发展的动态，敏锐地感到近代体育的发展正在走向国际化。

1890 年，顾拜旦生平第一次访问了奥林匹克运动的发源地——希腊的奥林匹亚，产生了举办由各国参加的奥林匹克运动会的想法，想以此增进各国运动员之间的友谊。经过顾拜旦及其同事们的精心筹备，1894 年 6 月在巴黎胜利召开了恢复奥林匹克运动会代表大会。来自 15 个欧美国家的 79 名正式代表参加了会议，一致通过恢复奥林匹克运动的宪章，确定了现代奥运会的宗旨。为了筹办现代奥运会，还正式成立了奥运会的永久性的领导机构——国际奥林匹克委员会。希腊著名诗人维凯拉斯被选为第一任主席，顾拜旦当选为秘书长。

希腊奥林匹亚村遗址

张伯苓比顾拜旦晚出生13年，属于同一个时代的人。1894年，当顾拜旦在巴黎致力于创立现代奥林匹克运动的时候，张伯苓在威海卫正经历着民族危亡的切肤之痛。他们虽然由于地域的阻隔而无缘谋面，却心有灵犀一点通，在将教育与体育结合起来，改变与提高国民素质，建立一个团结、友谊、美好的新世界等理念方面，有着共同的激情与追求。果然，在顾拜旦创立现代奥林匹克运动的几年之后，张伯苓开始了在教育与体育领域的艰难跋涉。

3.创办南开中学堂

1896年春天，张伯苓重返威海卫，进入通济号实习舰做见习军官。其间，他遭遇了终生难忘的国耻：帝国主义者在中国争夺势力范围，已由日军占领的中国威海卫军港交还中国，然后转租于英国，张伯苓随舰奉命前去办理交接。

两天的时间里，在本来属于中国领土的威海卫军港，年轻的爱国军人张伯苓目睹了“国帜三易”的耻辱。事后，他无数次地向人们讲述：“我在那里亲眼目睹两日之间三次易帜，取下太阳旗，挂起黄龙旗；第二次，我又看见取下黄龙旗，挂起米字旗。当时说不出的悲愤交集，乃深深觉得，我国欲在现代世界求生存，全靠新式教育，创造一代新人。”张伯苓痛感，中国虽大，历史虽久，但人落伍了。他说：“我乃决计献身于教育救国事业。”

1898年11月，张伯苓怀着上述信念，愤然离开海军，回到天津，弃武从文，投身教育救国。当时的天津，有一位名叫严修的爱国人士。严修(1860—1929)，字范孙，天津人，曾授晚清翰林院编修，任贵州学政。甲午战争中国战败，严修在痛心疾首之余，更多地是在思考中国的图强之路，痛感“欲强中国必须变法维新，而变法维新则非创办新教育不可”。1897年10月，他在戊戌变法的前一年，就奏请清廷废除科举，开设经济特科，被梁启超称为“戊戌变法之源点”。

严修与张伯苓

张伯苓回到天津的时候，恰逢严修也辞官返回天津。严修是革新派，不让子弟死读“四书五经”，而要学习英文、数学、物理等新课程、新知识，毕业于北洋水师学堂的张伯苓正长于这些课程。于是，严修聘请张伯苓到自己的家塾当了教师，以新学传授严家子弟。张伯苓平素景仰严修的道德文章，视严修为师，严修也视张伯苓如友，两位先生志同道合，联手开始教育救国的奋斗。不久，天津邑绅、盐商王奎章也设家馆，延请张伯苓教授王家子弟，是为王馆。彼时，严馆、王馆共有学生十余人，张伯苓分为上下午两处授课。

张伯苓在严馆肩负英语、数学、理化等课程的教学，同时增加操身（即体育）课程。他依照北洋水师学堂的体操用具，绘制哑铃及木棒图样，请木匠制作，供学生使用。练习跳高没有竿、架，他就用椅子架一条帚竿。学生的辫子起初常把竿碰掉，他们后来索性盘起辫子、脱下长衫去跳。练习体操没有木马，他就让学生曲身，两手撑膝，代做木马练习腾越。张伯苓用西式体育教学实践，第一次敲开古老的中国塾馆的大门，它比清廷《奏定学堂章程》中规定的学堂开设体操课要求提早了五年。

1907 年落成的私立南开中学堂东楼

1904 年，张伯苓随严修赴日本考察大中学校教育制度，使他对日本发达的教育有了更全面的认识，提出了“中国教育之两大需要：一为发达学生之自创心；一为强学生之遵从纪律心”。回国时，他们带回许多教育和科学的仪器。回国后，张伯苓致函严修，提出办理中学的若干具体问题，随后他们合并了严馆、王馆，借用四棵树严宅偏院一部分房屋做教室，将私塾改为新式中学，同年 10 月开学，有学生七十三人，每月经费 200 两纹银，由严、王两家拨助。学校初名“私立中学堂”，后改名“敬业中学堂”，次年又改称“私立第一中学堂”，严修为校董，二十八岁的张伯苓任监督，即校长，主持日常校务。

随着入学学生人数的增加，原有校舍已不能适应发展需要。这时，适逢天津邑绅郑菊如捐助坐落在旧城西南城角的空地十余亩，建起新校舍，因其地名为南开洼，1907年2月学校乔迁并改校名为“私立南开中学堂”，后以此为发祥地，兴办南开大学、南开女子中学、南开小学，逐渐发展起南开系列学校。

张伯苓于1919年获上海圣约翰大学名誉文学博士学位

南开中学堂的稳步发展，极大地改善了办学条件，开展体育活动的环境更好了，张伯苓的教育、体育思想也进入到了一个新的阶段。

张伯苓的教育体育观历来是与国家发展联系在一起的，他曾在《以教育之力量使中国现代化》一文中写道：“我之教育目的在以教育之力量，使我中国现代化，俾我中华民族能在世界上得到适当的地位，不至受淘汰。欲达此种目的务须对症下药，即：注重体育，锻炼健强之国民。”所以他认为：“强国必先强种，强种必先强身。”体育的宗旨应“以训练团结，合作，健全之身心为目的”。他说：我国“国民体魄衰弱，精神萎靡，工作效率低落，服务年龄短促。原因固属多端，要以国人不重体育为其主要原因”。

如此开阔的视野使得张伯苓形成高人一筹的见地。他说：“教育一事非独使学生读书习字而已，尤要在造成完全人格，三育并进而不偏废。”但“德智体三育之中，我中国人所最缺者为体育”。因为“欧美人之知识发达，我国人固望尘莫及，然其学术发达之年代尚不为久，我国人竭力追之，犹可及也。至体育，则无论欧美，与日本人较，已相差远矣”。

他又说：“教育里没有了体育，教育就不完全。我觉得体育比什么都重要。我觉得不懂体育的，不应该当校长。”提出要将学校体育放在与德育、智育同等重要的位置上，并进一步认为：“无论学校与社会，必须德智体群四育并重，不可偏于求知的智育。”他说：“自认教育与体育，绝对不能分离。”

由此，张伯苓大声疾呼：“强我种族，体育为先。”他强调，过去人们误以为“提到强便有一种联想，就是军队、军火等”。他说：“其实不然，乃是关于我们个人身体的锻炼。”张伯苓举在美国学习的几个大学矿科毕业生与他谈话的例子说：“他们都是在美国 Ford 车厂做工的，并且在我们大学时非常强壮。中国人中之矫健者，这次他们都感到体力的缺乏，身体不如外国人，工作的效率不能与外国人相较。”

他说：“这不是个人的不健全，乃是我们的历史使然，一代一代地传下来，形成了我们危弱的身体，所以我们身体的健壮是要紧的。我们的身体强不见得是要打仗，就是做事也很要紧。”他还说：“外国人四五十岁是正当工作的时间，我们中国人三十岁以后便做整寿，大概四十岁便入黄土了。体力、脑力不充足，做事的效果如何能好？我们在学校里绝不应该像现在一般人一样。”

因此，当他看到操场上一个个南开学生生龙活虎的样子时，抑制不住内心的喜悦说道：“有了好身体，才能有坚强的意志，担起建设国家的重任。身体若不好就失掉做事的本钱，什么也谈不到了。”

4.天津基督教青年会

社会的发展决定文化与体育的兴衰。18世纪自从詹姆斯·瓦特发明蒸汽机以后，西方世界开始大步发展，而中国社会依旧是唐宋以来的旧模样，到了清朝末年，更是政治腐败，经济落后，偌大国家宛如重病之人，被人讥讽为“东亚病夫”，整个民族的体魄亦柔弱至极。有五千年悠久历史的中国古代传统体育，有的消失，有的失传，其最有价值的部分也损失殆尽。

格林

从19世纪中叶起，一批资产阶级改良派与革命人士首先觉醒，他们接受了清末进步思想家龚自珍、魏源等人的政治观点，主张“师夷长技以制夷”，学习西方先进科学和文化，自觉地将开展体育运动作为实现各自政治理想的手段。在这种历史背景下，西方体育主要通过以下几个途径被中国引进并传播：

一是通过在华的宗教协会传播。大量西方传教士进入中国，他们主要以教会学校为依托进行宗教文化活动。在教学中，不仅传授西方先进科技文化知识，还将包括体育在内的全新课程引入中国教育领域。教会学校中开展的各类近代体育项目几乎囊括了田径、体操、球类、游泳等所有现代体育项目，并将体育比赛的观念带给了中国人。

二是外国侨民的率先示范。中国门户洞开后，一批又一批的外国侨民涌入中国沿海的通商口岸城市，在“国中之国”的租界里，继续着他们原有的生活方式。当这些体育娱乐活动成为既有数量又有力度的社会活动后，潜移默化地对当地社会生活产生影响，中国人在感到惊奇之余，自然而然地把他们的体育活动作为模仿的对象引进自己的生活。

三是洋务派主动引进。19 世纪 60 年代开始，倡导洋务运动的洋务派已经开始成立北洋水师学堂等教授与国外同类学校类似课程的学校。在这些学校中，学员们被教以足球、拳击、体操、跨栏、跳高、跳远和游泳等体育项目。

四是晚请政府实施“新政”，将体育引进课堂。维新派虽然失败，但他们提出的新学和体育主张在“新政”中得到实施。1903 年清廷颁布《奏定学堂章程》，把体操课列为各级各类学校必修课，使风行于欧美的体操进入中国课堂。

综合以上四个方面不难看出，学校是中国人自主接受并开展西方体育活动最早的平台，然后才逐步向整个社会推进与传播。张伯苓位居教育岗位，自有接受西方体育的有利条件，而他与基督教青年会的结缘，则使其国际化的教育、体育视野得到进一步拓展。

1895 年，天津建立了中国第一个城市基督教青年会，总干事是美国人格林(Robert Giley，一称盖莱)。格林充分利用天津文化人士比较密集的优势，开始从事“接近中国文人的实验”，试图通过在上层知识分子中间宣扬基督教教义，培养一批具有西方科学文化知识和基督教精神的“高等华人”，以达到扩大基督教在中国社会的影响等目的。作为北洋水师学堂毕业的高才生以及新式学校的执教者，张伯苓当时在社会上已小有名望，成为基督教青年会争取的对象。

格林积极向张伯苓宣传基督教，张伯苓非常赞赏基督教青年会“非以役人，乃役于人”等服务社会的精神，对于其“本着基督精神，促进德、智、体、群四育发展，俾有高尚健全之人格，团契之精神，服务社会造福人群”的宗旨也十分认同。张伯苓“重视体育、提倡科学、团体组织、道德训练、培养救国力量”的教育方针与基督教青年会所宣扬与倡导的精神，在很多方面都颇为契合。

基督教青年会成员那种奋发进取的工作精神也深深地感染了张伯苓，这种对个人乃至团体精神的钦佩和折服，逐渐发展成为张伯苓认同和参与基督教的一种感情因素。1907 年春，张伯苓因患伤寒住院治疗，包括天津基督教青年会总干事格林、干事饶伯森在内的一些外国朋友经常前来探望他。1908年秋，张伯苓作为直隶省代表将赴美国参加渔业博览会。出国之前，他应饶伯森之邀到避暑胜地北戴河休养一周。

20世纪30年代的天津基督教青年会

在北戴河幽雅的环境中，张伯苓与饶伯森一起读书，彻夜长谈，探讨人生，深为基督教的牺牲精神所感动。他认为，如果得到这种精神，就能找到拯救中国的药方，使自己的生命更有价值，真正为祖国服务。张伯苓离开北戴河的那个晚上，忽然下起了大雨，他本来已向火车站走去，又折返回来，郑重地向饶伯森表示，决定加入基督教。1909年，张伯苓在天津西沽公理会教堂正式接受洗礼，此举一时轰动津门。后来，张伯苓多次谈到他加入基督教是出于他的爱国心。

在张伯苓与天津基督教青年会往来的过程中，双方发挥各自优势，相互支持与帮助，互惠互利。一方面，张伯苓在南开学校所从事的实践活动与基督教青年会所积极推进的事业极为相近，另一方面，基督教青年会为南开学校提供了较为可靠的教学保证和高质量的师资力量，为南开增强实力、扩大社会影响起到了一定的作用。

张伯苓与天津基督教青年会交往的一个重要方面就是体育活动。天津基督教青年会成立后，就在会所草场的围墙后举行了一场篮球比赛，成为篮球运动传入中国的标志。1904年在天津基督教青年会出现的乒乓球球台，更是乒乓球运动最早引起中国的见证，成为中国的第一张乒乓球球台。基督教青年会对建立与发展近代天津、中国体育的推动作用，让张伯苓实地感受到了。

其实，早在执教严馆、王馆时期，张伯苓就已经开始与天津基督教青年会多名美籍干事频繁来往，其中两人就是当年著名的体育运动家，一位是总干事格林，普林斯顿大学毕业的全美橄榄球中锋；一位是干事饶伯森，普渡大学毕业的跳高名将。1902 年，天津基督教青年会发起学校运动会，张伯苓执教的严馆、王馆是积极的参与者。1904 年，私立中学堂（南开中学堂的前身）成立后，张伯苓经常请格林、饶伯森教学生足球、篮球，他还带领部分学生参加了天津基督教青年会举行的运动会，一名学生在跳高比赛中获得第三名。

由体育延伸到教育，在南开学校建校之初，时任校长的张伯苓就聘请天津基督教青年会的格林、饶伯森、蔡乐尔等人到南开兼课，讲授英文、体育和理科课程，还在课余指导学生开展文艺、体育活动及来校讲演。后来又聘请了格林太太、韩慕儒（R.M.Hersey）、郝瑞满（R.S.Hall）、崔伯（P.B.Tripp）等多名外籍教师到南开教授西学课程。张伯苓从他们的授课和演讲中了解了国际教育、体育发展状况，并第一次听说奥林匹克运动的理念。南开学校的体育活动，也在基督教青年会的帮助和指导下，取得了非常突出的成绩。

1907 年南开中学堂新校舍在南开洼落成，学校对面空地就是基督教青年会建立的新操场，这更方便了张伯苓与美籍干事在体育上的联系。张伯苓经常邀请他们指导学生体育运动，传授篮球、足球、网球和乒乓球技术，把近代西方体育观念和体育方法引入南开。身为天津基督教青年会总干事的格林非常重视向中国青年传授体育知识，举办球类和田径活动，提倡和联络各校举办运动会。他于 1902 年发起举办的天津校际运动会，后改为全市官立、私立学校参加的“天津学校联合运动会”，成为中国最早的校际运动会。

张伯苓加入基督教青年会以后，1918 年当选天津青年会董事会董事长，1920 年 4 月任中国基督教青年会全国大会主席。可以说，张伯苓提出的“以德育为万事之本”、“三育并进而不偏废”、“无论在学校与社会，必须德、智、体、群四育并重，不可偏于求知的智育”等思想，从中都能看到基督教青年会对他的影响。而张伯苓与格林、饶伯森的深入交往，并在日后与他们共同发起全国运动会、远东运动会，使西方体育理念在中国广泛推行，更能看出基督教青年会对近代中国体育的助推作用。

张伯苓与格林、饶伯森良好的私人关系后来继续保持。1908 年，格林调任北京青年会总干事。1911 年，他曾帮助南开中学成立了青年乐群会。1917

年，在格林的帮助下，张伯苓前往美国哥伦比亚大学师范学院研修教育。借助于美国基督教青年会和格林的介绍、帮助，张伯苓以后多次赴美进修，广泛接触美国社会各界人士，同时多次赴美各地开展募捐活动，支撑了南开系列学校的私立办学事业。饶伯森后来经常到中国各地巡回讲演，所到之处引起轰动。1912 年，他调往上海中华基督教青年会全国协会从事科学讲演普及工作。

张伯苓夫妇与饶伯森的合影

通过与基督教青年会外籍人士的接触，包括到欧美国家的考察，张伯苓广泛吸纳了人类文明的新成果，使他的思想境界有了新的升华。他大胆摒弃旧观念，热心开放交流，学习新式体育学说，引进西方先进体育理念。多次考察过西方学校体育后，他认为："中国健身体育虽然源远流长，但长期以来，坚持实行者，不过深山僧道、陋巷义侠而已，推教不广，亦乏科学方法。而长期以来形成的自我封闭心理，则与他国绝不相侔。他人法之善者，亦不肯学。"

张伯苓考察日本、菲律宾的体育后，感慨颇多，把中、日、菲三国的体育比喻成穿衣。他说，菲律宾学习西班牙、美国体育方法，"他人之衣裳彼即著之，故亦锦烂可观"，"日本则他人有衣而彼借之，故亦华丽可睹"。唯独中国，体育落后又不思学他人长处，结果"自己之衣既不合时，且不合体"。他强调，如欲发展中国体育，绝不能走自我封闭的老路，而应开辟输入西方新式体育的新路，"即在为中国换衣，如弃之可惜，留着不宜，顾忌徘徊，则靡有收效之时"。

1917 年，张伯苓考察日本学校体育归来，立即发布公告，允许学生夏季穿短裤参加体育活动。这一思想解放之举，既为学生解除了躯体上的束缚，也去掉了学生精神上的枷锁，促进了体育活动的蓬勃发展，让各项竞技体育的成绩提高了一大块。此举很快影响到其他学校，迅速波及全国。后来，张伯苓在一次演讲时感慨地说："余于此二十余年内，前后赴日凡十三次，每次无不惊讶其进步之速，如一部大机器，昼夜转运不息，且牵引各种机器一齐动作，以致全国无旷土无游民。吾国所缺少者，只此一部机器，所以全国陷于停顿。"

输入西方新式体育的方式之一，是聘请西方体育专家，通过他们的讲授和示范，把西方先进的理念和方法直接学到手。张伯苓很早就结识了格林、饶伯森及世界跳高名手华克(Walker)等体育名家，经常请他们到南开学校教练学生的体育活动。南开学校篮球、足球、网球、垒球等各单项运动队成立后，张伯苓更加重视这一工作。辛亥革命不久，他约请东南大学体育系主任、美国人麦可乐(Meclog)来南开指导体育运动，并协助规划南开的体育教学和课外锻炼。1916 年，他约请保定中学体育教员、美国人克拉克(Clack)传授学生掷铁球技术，聘请天津基督教青年会足球专家隆满（Longman）指导南开的两支足球队，用幻灯片演示足球规则和动作要领。

20 年代后，南开学校聘请了更多的体育专家。1926 年 3 月，张伯苓特请世界径赛名家、曾获奥运会 400 米冠军的埃里克·亨利·利迪尔（E.H.Liddell，中文名李爱锐），来南开表演赛跑基本技巧，教授中长跑知识。1931 年 5 月，经东北大学秘书长、南开校友宁恩承介绍，张伯苓请来东北大学体育总教练、世界著名中长跑选手、德国人步起（Baucher）指导南开田径运动。步起来南开后，受到学校的热情款待，促使更多的南开学生投入到这项运动中。正如当年《南大周刊》报道：步起到校后，"分别在大学部及中学部做田径赛方法上之演讲，并实行个人技术上的指导。同学等莫不以一睹步氏风采为快，而对于田径赛则皆受一新刺激，发生新兴趣，而其有新希望焉。"

张伯苓不仅经常将外籍体育名家请进来，而且还派南开学校的体育教师到国外学习。1923 年，张伯苓派学校体育课主任章辑五先是到东南大学体育系进修一年，后又派他到德国、意大利、芬兰、瑞典、丹麦、苏联考察体育，赴英国接受专门培训，赴美国哥伦比亚等大学进修，获体育硕士学位。章辑五回国后，借鉴欧美体育，提出了改进中国体育的可以践行的建议。经常性的体育交流，使南开及时博采国际体育事业的精华，成为南开体育教育始终保持国内领先，推进体育运动普及的动因之一。

5.点燃奥林匹克梦想

奥林匹克运动会起源于古希腊，因举办地点在奥林匹亚而得名。

古代奥运会是在战争背景和祭礼活动中产生的。奴隶社会的古希腊，战争连年不断。为了取得战争的胜利，各个城邦都利用体育锻炼来增强武士们的体质，体育运动随之发展起来，并逐渐形成有组织的运动竞赛，为奥运会的产生打下了基础。与此同时，古希腊人信奉多神教，每逢重大的祭祀节日，各个城邦都要举行盛大的宗教集会，以唱歌、舞蹈和竞技等方式来表达对诸神的敬意。古希腊人认为宙斯神是众神之首，所以对他的祭祀也格外隆重，由此促进了奥运会的产生。第一届古代奥运会于公元前776年举行。此后，每四年在夏天举办一次。古希腊人民厌恶连年不断的城邦战争，渴望和平，希望在奥运会举办期间，以神的名义实行休战，以达到减少战争，摆脱灾难的目的。

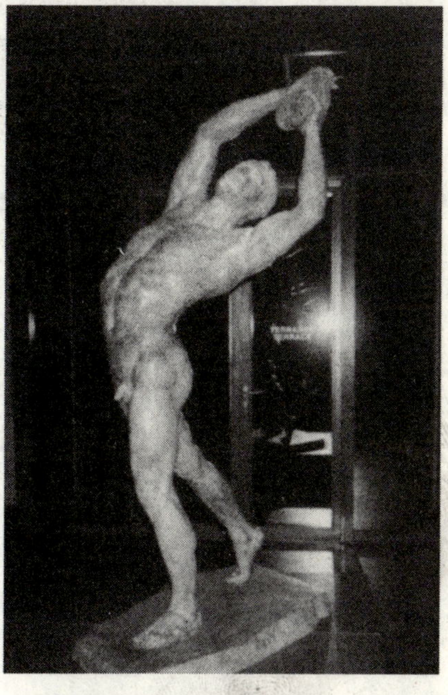

陈列在奥林匹克博物馆大厅的“投掷者”雕塑

公元前5世纪末，古希腊社会矛盾加剧，其间爆发的伯罗奔尼撒战争使奴隶制走向衰败，出现经济萧条，运动竞技失去原来的意义，逐渐成为人们追求财富的手段，运动会上出现营私舞弊、损人利己等不良倾向，奥运会的崇高理想被扭曲。公元前2世纪，罗马征服希腊，古代奥运会走向全面衰落。公元4世纪末，罗马皇帝狄奥多西一世宣布立基督教为国教，因此把祭祀宙斯神的古代奥运会视为异教活动。为了维护罗马对希腊的统治，公元394年狄奥多西一世下令终止古代奥运会。这样，举办了293届、历时1169年的古代奥运会走到了终点。

历史进入19世纪，随着欧洲科学文化的发展，各国建立了本国的体育组织，第一批国际体育联合会成立。19世纪末，世界上出现了帝国主义和垄断资本，强大的威廉德国欲发动战争来重新瓜分世界市场，法国是德国的近邻，如果德国发动战争，战争的灾难首先就会降到法国人民头上，所以法国人民格外期盼和平。在这样的期待中，重新恢复象征和平和友谊的奥运会，被提上了日程。

法国教育家顾拜旦最先于1883年提出举办类似古代奥运会的比赛，并把它扩大到世界范围。1892年，顾拜旦遍访欧洲，宣传奥林匹克思想，呼吁复兴奥林匹克运动。同年11月25日，他发表演说，第一次正式提出创办现代奥运会的倡议，阐明：现代奥运会应该像古代奥运会那样，以团结、和平和友谊为宗旨，但应该比古代奥运会有所发展和创新，它应该向一切国家、一

1896年4月6日，第一届现代奥运会在雅典巴泽尼体育场开幕

切地区和一切民族开放，并在世界各地轮流举办。顾拜旦的倡议，使现代奥运会从一开始便冲破民族和国家的界限，具有鲜明的国际性。

1894年1月，顾拜旦致函各国奥林匹克组织，建议在巴黎召开国际体育会议。同年6月16日至24日，在巴黎举行的国际体育大会上，15国代表决议每四年举行一次奥林匹克运动会。6月23日，国际奥林匹克委员会宣告成立，希腊人维凯拉斯出任主席，顾拜旦任秘书长。1896年4月6日至15日，

第一届现代奥运会在希腊雅典举行，共有 13 个国家的 311 名运动员参加了这届盛会。奥林匹克运动终于重新登上历史舞台，揭开了人类文明史上的崭新一页。

第一届现代奥运会成功举行的消息，随着西方体育活动渐入中国，以及传媒事业的发展，陆续传到 20 世纪初叶的中国人的视线中。

1900 年 7 月在上海出版的《中西教会报》上，已有关于在法国巴黎举行第二届奥运会的报道。在其中的“时务摘要”栏目，曾以《法国观赛人众》为题，间接地提供了巴黎奥运会的比赛信息。

1903 年，在邱实辑录的《光绪癸卯（二十九年）政艺丛书·外政通纪卷》中，有一条“外务部奏请简派美国博览会专使大臣折”其主要内容是希望朝廷派人参加 1904 年在美国圣路易举办的世界博览会和奥运会。

1905 年的《万国公报》，刊登了圣路易奥运会的后续报道，其中写道：该届赛会“游客甚多，贸易亦甚繁盛也。而尤有益者，即为能扩充学识”，“以学识上及工艺上言之，不啻有新世界来矣”。

通过这些报道，使中国人对奥林匹克运动有了初步感知，张伯苓通过天津基督教青年会第一次听说了奥林匹克运动，表现出极大的兴趣。1904 年，圣路易奥运会举行后，最先得到信息的天津基督教青年会的美籍干事向张伯苓介绍了赛会的盛况，由此引起张伯苓对奥运会的进一步关注。

1907 年（清光绪三十三年）10 月 24 日，在天津基督教青年会礼堂举行了天津学界第五届联合运动会闭幕典礼和颁奖仪式，这是一个中国人应该记住的日子。就在这个庄严的场合，时任私立第一中学堂（南开中学堂的前身）校长的张伯苓发表了题为《雅典的奥运会》的演说。他先介绍了古代奥运会的历史、现代奥林匹克运动复兴的过程，并说欧洲许多国家的皇室成员和美国的一些高级官员也对奥运会有兴趣。他说：“此次运动会的成功，使我对吾国选手在不久的将来参加奥运会充满了希望。因为，虽然许多欧洲国家奥运选手获奖希望甚微，但他们仍然派出选手参加奥运会。”同时，他建议：“中国人应该加紧准备，在不久的将来也出现在奥运赛场上。”他还认为，当时最需要的是聘请有技能的教练员，并说已有计划从美国聘请一位奥运会冠军来华做指导，应该争取早日实现这一计划。

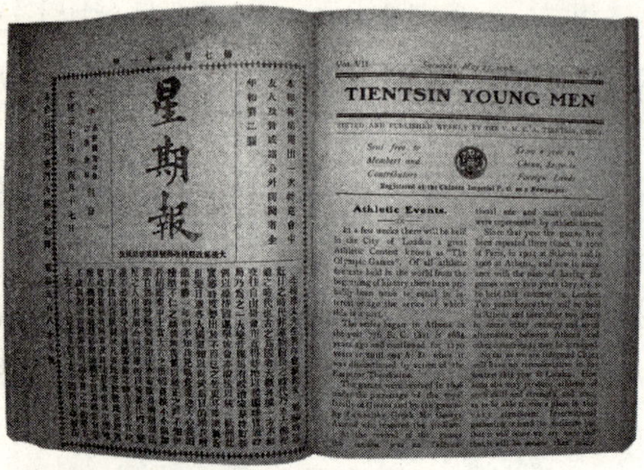
星期報
TIENTSIN YOUNG MEN
Athletic Events.

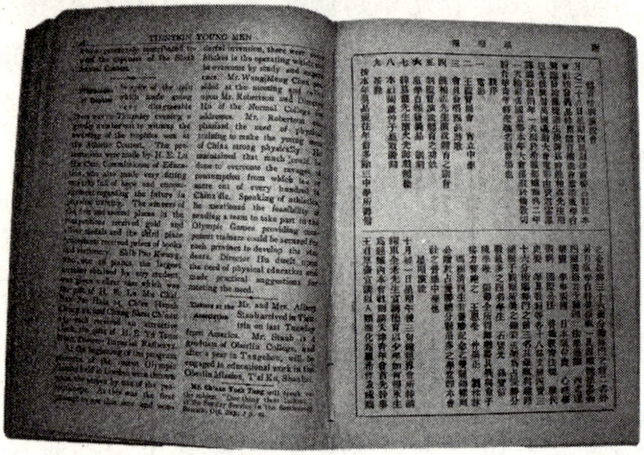
TIENTSIN YOUNG MEN

1908年英文版的《Tiantsin Young Men》以《竞技运动》为题刊登的文章，记载了张伯苓演说的主要内容

1908年英文版的《Tiantsin Young Men》记载了这个历史性的时刻。正是这个时刻，奠定了张伯苓是中国历史上明确提出中国要参加奥运会，并提出一些措施来实现这一主张的第一个中国人的历史地位。《Tiantsin Young Men》还记录了那届联合运动会的细节："普通学校对运动项目是很感兴趣的，运动场这几天热火朝天，许多人出来训练，其他学校的学生也来了。饶伯森先生及霍克先生也到场指导。霍克先生是最近由美国来，是作为体育专家来指导。教育部的刘特派员赞扬了天津的体育工作，并为在比赛中获奖的运动员发了奖牌。"

1908年8月，张伯苓作为直隶省代表受派赴美国参加世界第四次渔业大会，会后顺路到欧洲考察教育。当时，正值在英国伦敦举行第四届奥运会。张伯苓在考察间隙前往赛场，亲眼目睹了大会的盛况。由此，张伯苓不仅成为亲临现场观摩奥运会的第一个中国人，而且由于在奥运会现场受到的直接激励和鼓舞，使他更坚定了他回到自己的祖国传播奥林匹克理念、推进奥林匹克运动、建设一个繁荣富强的中国的信念。

1908年10月22日，在天津学界第六届联合运动会发奖大会上，天津基督教青年会干事饶伯森用投影机放映了伦敦奥运会的图片，引起热烈反响。有关奥运会的话题一时成了天津基督教青年会的热门话题，人们进而提出“中国何时派一位胜利选手参加奥运，中国何时派一支胜利队伍参加奥运，中国何时才能举办奥运，邀请世界各国选手到北京参加比赛”的三个梦想。

1909 年 1 月，张伯苓回国。他在南开校园向学生介绍了伦敦奥运会的盛况，学生们对奥运会表现出浓厚的兴趣和无限的向往。10 月 9 日至 13 日，南开中学堂与天津青年会联合举办了年度运动会，张伯苓在发奖大会上，再次以《中国与国际奥委会》为题做了激情演讲，进一步推动了西方体育和奥林匹克运动在中国的传播与开展。

6.在南开学校的体育实践

张伯苓是幸运的，他点燃奥林匹克的梦想，形成奥林匹克的理念以后，有一个可以施展自己身手的舞台，这就是他倾尽毕生精力献身的南开系列学校。

1904 年创办南开中学以后，在严修与张伯苓的共同奋斗下，1919 年创办南开大学，1923 年创办南开女子中学，1928 年创办南开小学，统称南开学校。至此，形成旧中国私人创办的建制完整的学校体系。张伯苓说："我们南开有了自己的整个教育系统了，这对于贯彻南开精神有条件了！"

1929 年 3 月 15 日，中国近代爱国教育家、南开学校创始人之一严修逝世，享年六十九岁。张伯苓闻讯极为悲痛，他说："南开之有今日，严先生之力尤多。严公逝世，在个人失一同志，在学校失一导师，应尊严先生为校父。"严修辞世后，南开学校的航船在张伯苓的驾驭下继续航行。

学校体育是张伯苓教育、体育思想和实践的出发点。随着南开学校的形成和发展，他以南开学校为基地和原点，从南开走向天津、走向华北、走向全国，将自己的教育理念付诸实践，为近代中国的体育教学和体育活动的开展与普及，倾注了毕生的心血和汗水。

1901 年，张伯苓在严氏家馆执教时首创体育课，当时称为"做体操"。这是张伯苓对近代中国体育教育的一个开拓性贡献。

1904 年，在私立敬业中学堂，张伯苓更加注重学生的体育活动，每星期由英人教习率领学生演习踢球、赛跑等田径项目。对此，曾有南开校友回忆说："1904 年（清光绪三十年）以前，我们同学都很爱好运动，练跳高的就在院中间用一根竹竿放在两条方凳上，算一个跳高架，跑四五步就跳，加高时就把书立起或一本一本地往高处垫……练足球常常有几个同学抱着足球，从西北城角四棵树一直奔到南开空地去踢几脚……只不过一人把门，其余人轮流练习射门而已。"

张伯苓与天津南开中学教职员合影

1915年，南开学校提出用“自动”的精神参加运动。1916年，学校制定了体育运动新章程，规定本校运动会要尽量使人人都能上场后，南开体育更加活跃。南开校刊曾记录了当年的盛况：“一校之内运动会团体之发生不可胜数，各班有各班运动会，各会有各会运动会。析而小之有所谓各寝室运动会、私人运动会，扩而大之则有全级联合、各寝室联合、各会联合，诸运动会诚所谓一日之内、一场之中而种类各殊。”由于规定明确，要求严格，学生每天都自觉去操场锻炼。同年暑期，当时在南开学校任敬业乐群会长的周恩来，在组织同学前往高庄子村（今津南区）演出话剧《一元钱》时，还临时组建一支篮球队，在高庄子小学篮球场与当地教师进行了一场对抗赛。

至20世纪20年代，南开学校的体育课程日趋规范化，不仅添置了相当规模的体育设施，而且还有了“顺应潮流、适合社会进化需要”的中外体育教材，更以“能使身体各部平均发育，训练端正之姿式；使各器官之功能完全发达，增进全身之健康；使一切动作敏捷正确，精神愉快，发生美感，并养成能守纪律，重协力，尚仁侠之健全价格”为教学目标。体育课分为“课内教学、练习”和“课外运动”两部分，无论中学、大学，都必须保证每周

张伯苓在运动场上的留影

两小时以上的体育课。体育课每遇风雨的室内课，主要学习中国体育史、西洋体育史、运动生理常识、体育标准、体育规则、基本练习法等体育常识。室外课则进行步法、体操、器械、舞蹈、国术、球术、田径、游戏等项目。

学校要求，上体育课时，一律统一着装。无论男女同学，非习满三年并测验及格者不能毕业。同时，每学期中举行一次全校体育测验和一次运动技术标准测验。此外，还要笔试体育和卫生常识。20 年代后，又增添了军事训练（女生设看护班），为一、二年级学生必修课，每周三小时。设学科、术科两种，学科包括技术、兵器、军制、筑城等；术科包括各种技术、徒手教练、持枪教练、部队教练、实弹射击及野外演习等。为此，1934 年，国民政府教育部重申体育为学校必修课时，明确要求各校“其教授步骤及课程内容可参考清华、南开、武汉等校办理”。

在张伯苓的指导和支持下，南开学校体育科制定了一系列关于体育运动的规章、制度、办法，如《运动员资格》、《运动员须知》、《运动队建制》、《运动员标准》、《裁判规则》、《对裁判员的正确态度》、《奖励运动员规定》等。南开学校在运动队的组织、管理、训练等方面，以及各种赛事的组织管理的一系列规章制度和措施，在当时是先进的、科学的和严密的，对以后地方的和国家级的运动队以及比赛的组织和管理，都起到了指导和借鉴作用，其影响也达到了全国性的规模。此外，这些体育立法的制定，对于使南开体育运动长期处于领先地位，也起到了有力的保证作用。

南开学校的课外体育活动，特别强调“按学生个性之发展”，“有兴趣之练习”。南开的体育教学大纲，把“精神愉快，发生美感”列入体育教学和课外体育要达到的目标，强调“自试活动”、“韵律活动”、“游戏活动”等内容，不仅有基本动作教练和运动技能学习，而且有土风舞蹈、健身舞蹈和团体游戏的演练，体现了体育与美育结合的思想。

20世纪30年代天津南开中学田径比赛优胜队

丰富多彩的课外活动，促使南开学校产生了各种各样、五花八门的运动团体。据1935年统计，有体育团体182个，计网球队66个，篮球队50个，足球队44个，排球队11个，垒球队10个，田径队1个。1936年，课外活动增至每周3次，下课后，还要强迫运动：凡图书馆、讲室、试验室、宿舍等处严禁学生逗留；所有教室内及试验室内的工作均限于课外活动前结束。

张伯苓曾经指出，体育的提倡，“为全民族之问题，并非是造就几个好体格的运动员而已，所以我们应以最后的努力，使大家体格强健”。长期重视体育活动的结果，使南开学子有了健康的体魄和健全的人格，培养出了以周恩来为代表的各类人才。同时，南开学校的运动员在天津、华北、全国、远东等各级各类运动会及球类比赛中，屡创佳绩，获得银杯数十只，锦旗达百余面，留下了一桩又一桩体育佳话。

7.威震全国的“南开五虎”

1895年（清光绪二十一年），篮球运动传到天津。同年12月8日，在天津基督教青年会的演讲会上，美国传教士来会理进行了篮球表演，中国人第一次认识了篮球，这便是篮球运动传入中国的开端。1896年3月28日下午4时，在天津基督教青年会举行了一场篮球比赛，成为中国体育史上的第一场正式的篮球比赛。不久，北洋水师学堂、电报学堂、武备学堂等相继开展了篮球运动。

1903年秋，天津基督教青年会分别到北洋大学堂、高等工业学堂等学校传播篮球运动。随后，南开中学、新学书院、汇文中学等校相继建立校级篮球队，学校篮球活动初具规模，并扩展到工厂、机关、企业等单位。当年天津的街道里巷设有许多小皮球筐，篮球场地比比皆是，许多单位还建有灯光场地，夜间比赛时灯光通明，热闹非凡。当年天津曾有“篮球城”之美誉。

20世纪二三十年代，南开中学篮球队先是在华北运动会上问鼎冠军，后因远征上海连克上海三支冠军队和远东劲旅菲律宾队而名声大震，被新闻界

1927年天津南开中学篮球队成员：左一刘建常、左二李国琛、左四魏蓬云、右二唐宝堃、右三王锡良

誉为“南开五虎”，最终登上全国运动会的最高领奖台，南开篮球达到最高峰。“南开五虎”的传奇故事影响和激励着一代又一代热爱篮球的中国人。为纪念这段辉煌的历史，南开大学校园的一条路被命名为“五虎路”。

在1922年的天津校际篮球赛中，由祝瀛州、刘鸿恩、邹锡、潘景武、李世珍组成的男子篮球甲队，相继战胜新学书院、官立中学、北洋大学校队、青年会竞进队等夺得冠军。当时以孙立人为主力的清华篮球队一度称雄华北，1924年南开篮球队打破了清华队不败的神话，问鼎华北区冠军。同年5月，以张伯苓为领队、董守义为指导的南开队代表华北参加第三届全国运动会，更以锐不可当之势勇夺全国篮球冠军，南开篮球由此在全国篮坛崭露头角。这支篮球队回津后，队员们相继毕业离校，篮球队一时后继乏人。

1925年，南开学校初一年级学生自发组成一支名为“篓子队”篮球队。至1927年，该队5名主力队员王锡良、李国琛、魏蓬云、刘建常、唐宝堃，配合技艺娴熟，敢打敢拼，不畏强手，已成为南开学校的一支篮球劲旅。1929年春季，为了锻炼队伍，这支篮球队以南开大学名义参加了在山西举行的华北运动会，接连战胜山西两个队和冯庸大学队后，与久负盛名的北京师范大学队在决赛中相遇。经过激烈争夺，南开队最终以13分优势战胜北京师范大学队，如愿以偿地获得了大学组冠军。

南开篮球队自太原胜利归来，受到全校师生热烈欢迎，张伯苓接见了队员。他说，大家平日艰苦的付出今天终于取得了良好的回报，你们为南开争了光，南开全体师生感谢你们！但我们仍要清醒地看到我们的不足，尤其不能自满，要认真总结经验，继续苦练，继续前进，随时准备迎接新的挑战。最后他宣布了一个决定，正式聘请董守义担任南开学校的篮球教练。他说，通过这次比赛，我们明白了一个道理：一个运动员或一支球队，在勤学苦练，用心钻研的同时，还必须有精通技术、富有比赛经验的教练，指导平时训练、指挥现场比赛。今天南开队获胜，队员们尤其是5名主力球员付出了很大的汗水，但董守义先生的临场指导和高明策略也是至关重要的。

从此，董守义每周一、三、五下午来校辅导，每遇比赛更要亲临指导。在短时间内，南开篮球队在技术上、作风上又有了新的提高。不久，南开篮球队接到上海体育协会和上海南开校友会的来函，邀请南开队去沪与上海三支篮球冠军队进行友谊赛。在校长张伯苓率领下，以董守义任技术指导的南开篮球队一行 12 人远征上海。

这次迎战的上海沪江大学队、西侨青年会篮球队（即海贼队）和美国海军陆战队篮球队，都曾在上海篮球赛中获得冠军，被誉为“上海三强”。而名不见经传的南开队初到上海，并没有引起人们的注意，练球没人看，也没有记者来采访。南开队的每个队员心里都憋着一口气，一定要打好每一场比赛，让人们一睹南开篮球的风采。

首战的沪江大学队，拥有善于在篮下左右侧定点极准的中锋何通，速度快、步伐灵活的左锋梁国权，体力好、擅长全攻全守的温鼎新。他们虽然个人技术都很好，但却有不善配合的缺点。为此，董守义教练布置了“五人联防严密，盯死何通，控制他的两个投球点；全力抢篮板，发动快攻；专打对方弱点、专攻对方漏洞”的战术。比赛开始后，双方比分交替上升，上半场以平分收场。下半场开始后，双方竞争更加激烈，终场前两分钟，双方仍为平局。这时，董守义叫了暂停，他对队员说，依你们的实力完全可以战胜对手，只是你们现在打得太紧，只要你们冷静沉着，定会取得胜利。比赛继续进行，南开队迅速发动快攻，切到篮下的唐宝堃得球后投中两分。对方忙中出错，被南开后卫断球，随着魏蓬云打板进筐，结束比赛的锣声敲响了，南

20 世纪初期的天津篮球场

开队以 4 分涉险过关。

第二个对手西青队，是上海欧美人士青年会组成的篮球代表队，队员中前锋司凯尔和中锋史密司是队中灵魂，二人身材不高，但机智灵活，投篮准确，全队配合，攻守有方。与南开队一役打出了水平，上半场西青队以四分领先。中场休息时，董守义指导加强联防，采取防中求变，防守快攻，加强突破的打法。下半场，南开队打得线路清楚，配合娴熟，屡屡得分。双方的精湛技艺和激烈场面不时博得观众的惊呼称赞声。最终南开队以 6 分优势转败为胜。

第三战对手是美国海军陆战队篮球队，这个队素以身高体壮，作风硬朗著称。此时，连胜两场的南开队声名鹊起，观众竞相购票观战，一元一张的球票不到一个小时就销售一空。南开队针对这个对手勇猛有余、灵活不足的特点，采取快速多变的战术，彻底打乱了对方战术，遂以大比分获胜。

三场比赛结束后，正值菲律宾圣提托马斯大学冠军队在日本全胜回国路过上海。经上海体协邀请，菲律宾队决定与南开队进行一场友谊赛。消息传出后，轰动上海球市，报纸也大力宣传。比赛前三小时，整个体育馆已是座无虚席，球场门口已被挤得水泄不通，运动员只得从窗户跳进去。但进场后，比赛场地里也挤满了观众，运动员竟无法进行比赛。经场内工作人员和裁判员疏导后比赛才得以进行。

比赛一开始，双方就进入僵持局面，你来我往，展开一场拉锯战。由于防守成功，双方上半场都只得了十几分，以平局进入中场休息。张伯苓来到休息室鼓励队员说，上半场大家共同奋战，没让对方占到便宜，打出了南开的水平。下半场应该少失误，减少犯规，加强配合，加强进攻。最后的胜利一定属于我们南开！比赛重新开始后，菲律宾队发挥速度快、弹跳好的特点，加强中距离投篮；而南开队则抓住对手防守漏洞，打出许多漂亮的配合，让对手防不胜防。南开队终以 4 分优势战胜对手。

比赛结束的锣声一响，观众呼啦一下子冲进场内，把南开 5 名主力高高举起，抛向空中。称赞他们为为国争光。南开队连胜四个篮球劲旅，名声大震。上海报界评论说："沪上各队莫敢撄其（菲律宾队）锋，而南开独不示弱，订期比赛，到时观众人山人海，都为南开捏一把汗。而南开健儿攻守咸

“南开五虎”与教练董守义在一起

宜，合作尤强。经过场紧张回合激烈战斗，菲队实力虽强，终败于南开之手。于是，南开球队威震远东，‘南开五虎’之名，遂传播遐迩矣！”

1929 年冬季，南开篮球队应东北之邀，赴大连、沈阳参加友谊赛。在大连，4 天内打了三场比赛。对手全都是日本队，南开队大获全胜。稍后在沈阳，南开队力克同泽中学、东北大学和冯庸大学队。以不败战绩结束了东北之行。

1930 年 4 月，第四届全国运动会在杭州举行，以“南开五虎”为主力的天津队一路过关斩将，以全胜的战绩登上全国冠军的领奖台。

8.南开棒球、垒球名天下

现代棒球运动起源于美国。1839 年（清道光十九年）美国陆军军官道布尔戴（Abner Doubleday）在纽约州的库珀斯敦举办了首次棒球比赛。1845 年（清道光二十五年）世界第一个棒球俱乐部在纽约成立，并由卡特赖特（Alexander Cartwright）确定正式比赛场地的规格，并制定较细的竞赛规则。1869 年（清同治八年）美国成立世界上第一个职业棒球队。

19 世纪后期，棒球运动随着近代体育的传播由留美学生和传教士引入中国。20 世纪初，在天津的教会学校开始出现棒球活动。天津是中国开展棒球、垒球运动最早的城市之一。1907 年（清光绪三十三年）6 月，美、日侨民在日租界举行了天津体育史上的第一次棒球比赛。1908 年，南开学校校长张伯苓赴欧美考察时学到了棒球技术，回校后积极倡导棒球运动，于 1911年 南开学校成立第一支棒球队，这也是天津的第一支学校棒球队。随后，北洋大学、新学书院等校也相继建立了棒球校队，但实力最强的还要属南开学校棒球队。在校际比赛中南开队屡执天津各校队牛耳，并且让在津的西人棒球队俯首称臣。

1931 年南开棒球队曾两次获得华北运动会冠军，一次获得天津市公开赛冠军

张伯苓对棒球情有独钟，每当南开棒球队参加重大比赛时，他总是亲临赛

场，为球队呐喊助威，有人说他一到棒球现场就激动得像个学生。为了提高南开垒球的整体水平，张伯苓特聘垒球和棒球专家侯洛荀担任球队教练。1914 年 5 月，在北京天坛举行的第二届全国运动会首次将棒球设为比赛项目，张伯苓率领以南开队为主力的北部棒球队一举夺得冠军，这也是天津队员第一次正式参加全国棒球赛。

南开棒球队在历届华北运动会、华北球类比赛中，多次获得冠军或亚军，先后以加盟华北队、河北队和单独组队的形式，参加了第三、四、五届全国运动会棒球比赛，连续三次夺得亚军，谱写了一曲天津棒球史的辉煌乐章。可以说，南开棒球队对天津棒球运动的发展起到了很大的推动作用。

垒球运动 1887 年（清光绪十三年）起源于美国，是由棒球运动演变而来。由于棒球运动需要的场地太大，雨雪天气时无法在室外活动，在美国芝加哥，人们首先将棒球场缩小并移至室内进行，时称“室内棒球”。数年后改在室外进行。为了有别于棒球，于 1933 年正式定名为“垒球”。

垒球运动 20 世纪初传入中国。1915 年在上海举行的远东运动会上，菲律宾女子垒球队首次做了表演。此后，垒球逐渐在上海、北京、天津等地的教会学校中开展起来。初时只是作为学校开展课外活动的一种游戏，后来逐渐成为学校体育课的内容。同年第三届全国运动会首次将女子垒球列为表演项目。1933 年第五届全国运动会将女子垒球正式列入比赛项目。

金陵大学垒球队曾是伯苓垒球队的强劲对手

1916 年，在张伯苓的支持下，南开学校教员孙润生开始制作垒球，销售给垒球爱好者，但那时人们还只把垒球当成游戏的玩具。20世纪初叶，驻津美军第15步兵团组建了天津第一支垒球队，开展垒球活动，并且每周举行一次比赛。不久，垒球运动逐渐成为教会学校及南开、北洋、新学书院等校开展的运动项目。20年代初，日本、菲律宾等外国垒球队先后来津表演后，第一次见到竞技性的垒球比赛，让天津人大开眼界。许多学校开始深入研究垒球的规则、战术、规范的技术动作，一时津门掀起一股垒球热潮。由于南开学校有棒球的优势，所以，南开垒球队很快便在津城确立了霸主地位。

1924年，第三届全国运动会在武昌举行，女子垒球首次被列为表演项目。同年4月10日至12日，华北第一次球类运动会在天津举行，南开垒球队先后战胜天津新学书院队、清华学校队问鼎冠军。1927年10月，天津体育协进会成立后，经常召集全市垒球运动员和爱好者学习垒球知识，修改规则，组织各类比赛。垒球运动遂在大中小学逐步得到普及。当年除南开垒球队外，究真中学（今第三十中学）队也是津城垒球队伍中的一支劲旅。这两所学校的校队多次联合组队代表天津或河北征战华北运动会，屡创佳绩。1935年，以这两所学校垒球队员为主力的河北省垒球队，在第六届全国运动会中夺得亚军。

20世纪40年代后期，以南开学校创办人张伯苓先生的名字命名的南开伯苓垒球队在津门名噪一时。在天津校际比赛、华北运动会和全国运动会上，多次创造辉煌，争冠夺亚。它虽只是一支中学队，但与成人队较量时，其实力也丝毫不逊色。1948年春，在天津举行了一次全国垒球邀请赛，这是一场集全国垒球精英的大赛，伯苓垒球队不负众望，一路过关斩将，以不败战绩折桂，为南开学校夺得复校后的第一座奖杯和第一

20世纪30年代张伯苓在重庆南开中学运动会看台上

面锦旗。

伯苓垒球队享誉津门，不仅因为它在各类比赛中获得骄人的战绩，为天津队、国家队输送了大量的棒垒球运动员，更因为由它带动了全南开乃至全市的垒球运动，推动了天津垒球运动的普及和发展。南开学校课外活动时，抬眼望去，学校的操场上，到处都是打垒球的，有练习击球的，有练习投手的，还有练习跑垒的，好不热闹。当年的报道更以“班班有球队，周周有球赛”来描绘南开的垒球盛况。所以有人说，不懂垒球、不会打垒球的人，绝对不是从南开毕业出来的学生。

9.享誉排坛的南敏排球队

1895年（清光绪二十一年），美国基督教马萨诸塞州青年会体育干事威廉·莫根发明了排球。进入20世纪初叶，排球传入中国。这项新的运动并不是从一开始就受到国人的青睐，在传入初期的近10年里，排球运动只是以游戏形式在学校（特别是教会学校）中开展，学生们站成两排或围成一个大圆圈，把球托来托去使之不落地，后来才形成中间加隔网的比赛形式，但并没有扣杀、背飞、后排进攻等先进战术。

1931年，南开学校学生严仁颖、张锡祜、孔心语等组织创立了南敏体育会，设有足球队、排球队、田径队、篮球队等运动队。南敏排球队是南敏体育会的主要球队，成立之初曾有两支球队，一队大部分由原南开校队成员组

1930年的南开女子排球队

成，如张锡祜、郑保禄、王焕如、孔心语等。南开排球队原本就实力超群，当年在天津更是所向无敌，自南敏排球队成立后，做到了人才互补，实力更加强大。

说起南敏体育会，这是20世纪30年代张伯苓针对体育运动的歪风而组

1933 年的天津女子排球赛

织的南开学校体育团体。当年在青年学生中一度盛行“选手体育”和“锦标主义”思想，为了表明抵制这些歪风的态度和决心，张伯苓除了对学生进行良好体育道德的教育以外，1932 年 8 月在组织形式上决定取消南开学校的代表队，将原来由班级比赛产生年级代表队、再由年级比赛产生校代表队的办法，改为打破班级、年级界限，以俱乐部形式自由结合组成各项运动队，以集中人才优势，迅速提高各项运动水平。在张伯苓的感召和支持下，30 年代前期南开校园出现了 180 余个体育社团，南敏体育会是其中规模最大、人数最多、组织最健全的。

体育社团组织是学生自由结合组建起来的，一切经费均由会员自筹，学校在训练场地和体育用品方面予以保障。各队自己安排训练和比赛，由热心体育的同学担任干事，负责日常事务。他们不计名不计利，不但任劳任怨地做好后勤工作，而且无论训练或比赛，每场必到，积极为运动员服务，甚至为赛后的队员按摩，为受伤者做护理工作。遇有校际比赛，体育干事们除安排全队食宿、交通工具等，还要向社会上热心人士募集经费，向新闻媒体报道比赛消息。

当年的排球比赛为 9 人制，网高比现在也要低些，更没有标志杆，比赛大多在露天进行。比赛时，每队各有 9 名队员，位置分为前、中、后三排，每排三名选手，各排选手各有各的固定位置，不得越位。9 人制的南敏排球队当年的阵容：头排是金阿督、刘志聪、汪绍诚、关福纳；二排是冯德安、关福绍、娄光后、卢开周；三排是沈尔昌、张亦诚、王大纯、于耀泉、方才政。

1933 年春，南敏排球队出征北平，先战劲旅燕京大学队，因该队主力队员已大都毕业离校，新的燕京队员多为刚入学的一年级学生，所以，南敏排球队兵不血刃，以绝对优势轻松取胜。后又与北平的铁道学院队、“五一七”

俱乐部队等七支一流球队交锋，南敏队七战七捷，高奏凯歌而归。

此后，南敏排球队再度改组，在张伯苓的帮助下，特聘天津著名排球教练陶少甫为教练，改变了长期以来该队没有教练指导的历史。当时，南开学校没有合适的室内排球场地，张伯苓便通过社会关系，暂借河北天纬路女子师范学院的体育馆进行训练。每周日上午集中训练一次，平日各自在校训练。在进攻上，系统训练了短平快、吊球、佯攻、掩护、换手扣、近体快、远扣等动作要领；在防守上，着重练习了互相保护、补位、鱼跃、垫球、拦网、打探头等技术。通过几个月的专业训练，队员的基本功、攻防技术和整体战术意识都有了系统提高。队员的身体素质和技战术水平也都有了长足的进步。

1934 年 4 月，依靠南开校友卢开瑗的资助，在队长金阿督的率领下，南敏排球队满怀信心地南征上海。《大公报》专门报道了南敏排球队南征的消息。遗憾的是，教练陶少甫因公务在身，领队严仁颖因父亲去世在家守丧而未能前往。

远征路上，南敏排球队曾先后在南京、杭州短暂停留。在南京，以 3：0 战胜金陵大学队；在杭州，以 3：0 力克航空军官学校队，并与正在航空学院学习的张锡祜会合，南敏队更是如虎添翼。来到上海后，首战上海体育专科学校，尽管南敏队不适应校体育馆的土质场地，但仍以 3：1 获胜。全队士气更加高涨，决心一定要战胜江南劲旅复旦大学队。但这时，张锡祜却因航校有任务奉命返回了杭州。南敏队只得仍以南下时的阵容迎战当时国内最负盛名的复旦大学队。

1931 年春天津排球公开赛锦标队队长郑宝禄与干事张祖训

复旦教练陈愚德见来者不善，唯恐失利，有损盛誉，立即把复旦校友素有“飞将军”之称的曹庭赞、徐享等邀来应战，以江湾队名义与南敏队交锋。主队的 9 名队员均为曾代表我国征战远东运动会的著名国手，而南敏队尽是些“无名之辈”。这场扣人心弦的比赛打得异常激烈，难解难分。前四局打成 2∶2 平，而双方得分之和也是平分，由此可见，这是一场势均力敌的比赛，更是一场意志的较量。最终还是南敏队笑到了最后，在这场历时 3 小时的恶战中以 3∶2 取胜，整场比赛只赢了对手两分！次日，上海报纸称："南人之长渐为北人所得……江湾 18 年冠军付之流水。"南敏队离沪时，复旦队陈愚德教练特到车站送行。他诚挚地说："下次选拔远东运动会中国排球选手时，一定要注意南开的排球人才。"

南敏排球队的成功经验迅速传遍津城，传遍全国，为排球事业的发展提供了可供参考的经验，为体育俱乐部性质的体育社团起到良好的示范作用，天津的排球运动进入鼎盛时期，不但各个学校都成立了排球队，而且还涌现出许多民间俱乐部性质的排球队，一时打破行政单位界限组成的"津华"、"南星"、"北华"、"白鸥"等各种体育社团，如雨后春笋般蓬勃发展起来，推动了天津乃至全国排球事业的发展。

10.捧回“爱罗鼎”杯的足球队

从清末开始，天津就有学校、天津青年会足球队与外国球队过招儿，但一直是胜少负多，被洋人队连灌四五个球也是常事。到了20世纪二三十年代，天津足球运动在张伯苓等一批有识之士倡导下，得以蓬勃发展，学校组队的旧有模式被突破，业余足球队如雨后春笋，津门掀起了历史上的第一次足球热。

张伯苓重视体育教育，更钟爱足球运动。他曾说：“足球比赛胜负决不能只靠前锋的进攻或门将的守卫，必须赖全体队员共同努力，这种共同的努力便是合作……西洋人总是嘲笑国人是‘一盘散沙’，做事‘五分钟热度’。足球比赛时间长，紧张激烈，越到终场更为火炽，必须具备坚持到底的精神。如以此当做服务于社会的准绳，就不会被人嘲笑为‘五分钟热度’了。但足球运动的团结合作性强，技术尚在次要，全队团结一致、顽强奋战，才有胜利希望。这是克服所谓‘一盘散沙’的良好手段。”

1935年中华足球队勇夺“爱罗鼎”杯，张伯苓与全体队员在鼎章照相馆合影

由于张伯苓把足球提到强种强国、塑造民族性格的高度来抓，所以南开的足球运动很快普及，后来居上。南开大学、中学几乎每个年级、每个班级都有自己的足球队，学校每年都举行班级和年级足球赛，优胜者给予奖励。最引人瞩目的是每年冬季南开与清华大学足球队之间的比赛。按照比赛规则规定，比赛在两校轮流举办。由于双方都是平津一带久负盛名的学校，因此两校足球队的对垒，总能引起学生们极大的关注和浓厚的兴趣。

在足球运动广泛普及的基础上，南开学校从大学部、中学部中挑选出最优秀的足球队员，组成南开大中联队对外比赛，谱写了南开足球的辉煌历史。尤其是在南开大学进行比赛的时候，几乎所有的南开学生都自发地到场为南开大中联队呐喊助威。在比赛现场，拉拉队长挥舞着小校旗，带领着南开同学为自己的队伍加油，整个运动场变成一片欢乐的海洋。在张伯苓的倡议下，南开大中联队与北宁队联合组成天津中华足球队以后，从根本上改写了天津足球屈辱的历史。

当年天津最具影响的国际赛事是从 1930 年开始举办的“爱罗鼎”杯万国足球大赛。这一赛事最初只在旅津西人中进行，并不允许国人参加，后在张伯苓的多次斡旋下，由南开大中联队与北宁队组成的天津中华队才得以加入。1933 年，中华队首度参赛，就以锐不可当之势，一路过关斩将杀入决赛。与英国队在决赛中打成一平时，裁判员判给英国队一个点球，中华队饮恨球场，但虽败犹荣，就连英文报纸《京津泰晤士报》的评论也称，是因“由于裁判不公”才帮助英国队登上冠军宝座的。

饮誉津门的中华足球队

天津有了能与欧洲队抗衡的足球队了，这足以让国人有了自信，因而天津球迷骤增。

翌年，中华队再度征战“爱罗鼎”赛时，场上观众竟达3000余人！但遗憾的是，这次，中华队又只拿到了一个亚军。当裁判结束比赛的哨音吹响时，看台上始终狂热地为中华队加油的观众，一下子静了下来，“三千父老，吞声忍气，踱出英国球场”。

面对失利，永不言败的中华队并没有因此而消沉，他们认真地总结了前两次比赛失败的经验教训，细致地研究英国球队的战术和个人技术特点，刻苦训练，有针对性地提高自己的对抗能力。1935年冬，中华队满怀信心地再度征战“爱罗鼎”比赛。首战中华队与英国队对垒，上半场中华队打得有些保守，基本上处于守势，在对方凌厉的进攻面前，门将表现神勇，扑出了多个险球。下半场易边再战，队长孙思敬多次策动进攻，锋线上的孙福来、孙永泉和姜璐先后破门得分，中华队3∶0干净利落地取得了首场比赛的胜利。

第二场比赛面对打法凶悍的俄侨队，中华队全力应战，场面形成胶着局面，就在半场行将结束之时，司职中后卫的孙思敬在后场得球，一路突破，带球过中圈弧后，用眼扫视了一下对方阵地，但见守门员站位靠前，后卫位置松散，他拔脚怒射，球直奔对方大门而去，等到对方守门员做出反应为时已晚，皮球应声入网，1∶0！下半时开始后，俄侨队猛烈反扑，中华队奋力防守，门将在临终场前扑出的一个必进之球，彻底粉碎了俄侨队扳平的梦想。最后一场比赛的对手是多国联队，依然未能阻挡天津中华队前进的脚步，中华队4∶0高奏凯歌。

这是天津足球队第一次在国际赛事中取得胜利，也为天津足球史书写了辉煌的一笔。“中华队夺得‘爱罗鼎’杯了！”人们奔走相告，竞相传送着这一令人兴奋的消息，中华队一时成了国人的骄傲和自豪。让我们记住他们的名字吧：陈尔德、刘世藩、刘宝恩、孙雅庭、孙思敬、梁铭宗、姜璐、孙福来、赵启春、孙永福和胡宗益。

一直倡导体育兴国，热衷于足球运动的张伯苓，听到这一消息后兴奋得像个年轻人，又是鼓掌，又是蹦高。高兴之余，他自己掏腰包大宴中华队。

当见到队员们时，张伯苓逐一与他们握手，嘴里不停地说着“感谢”、“英雄”、“争光”这几个词。席间，他激动地说，你们的实际行动是对西洋人嘲笑国人的最好回答，你们的行动说明了国人团结合作的精神，你们已经具备坚持到底的毅力和耐力。宴会结束后，在张伯苓的倡议下，他们一起到鼎章照相馆，用照相机记录下了这一美好的时刻。

1936 年 4 月，中华队再次参加“爱罗鼎”国际杯足球赛，连胜数场后轻松进入决赛，而决赛的对手又是英国队。比赛一开始，他们就动作粗野，屡屡犯规，而司职裁判不但不予阻止，反而故意偏袒英国队。面对不公正的裁判，中华队队员顾全大局，忍辱负重地坚持到上半场结束。下半场比赛开始后，中华队队员发现，裁判的偏袒行为更加肆无忌惮。在多次明显错判后，队长孙思敬与裁判交涉，竟被裁判出示红牌罚出场外。这一判罚更加引起中华队的强烈不满，在交涉无效后，孙思敬指挥全体队员退场，宣布弃权。

第二天，国人为中华队“顾全国体，忍心弃权”，宁可“牺牲各队员奋斗之功绩，以为国人争气”的行动大加赞赏，严惩不公正的裁判呼声此起彼伏。然而，主办“爱罗鼎”杯赛事的万国足球会，不但没处理裁判，反以“中华队队员运动精神欠佳，队长负有不能约束队员之咎”为由，勒令中华队停赛一年。难怪就连《京津泰晤士报》也发表英人库林（Mr. A.P.Cullen）的文章，指责此次比赛“有欠公允”，英国队在第十二个队员——裁判的帮助下取得的冠军“不甚光彩”。

20 世纪 30 年代的南开足球队

中华队更认为“此事关系国体，至

重且大，吾人岂能忍受，故不得不郑重声明，因即召集全队大会讨论办法。结果议决，中华队此后所有在万国之比赛完全退出，并议来季华人正宜设法团结，联合抵制，做一坚实之准备，对于该会决不与以任何之赞助，各项比赛华人均不参加”。4 月 24 日，队长孙思敬还在《益世报》上发表了《写在中英“爱罗鼎”国际大赛后并告国人》一文，讲述事件的原委，表明了退出的决心，号召全体华人都行动起来，坚决抵制此项赛事。

1939 年，中华队再次回到阔别两年的“爱罗鼎”杯的比赛球场。这次，他们没给任何球队机会，横扫所有对手，再次捧得“爱罗鼎”杯，登上冠军的领奖台，为天津老少爷们儿争了气，为国人争了光，为中国足球史续写了新篇章。

11. 南开运动员最荣耀

在南开学校，张伯苓重视体育运动的普及，也强调组织体育运动，提高体育运动水平，但他从来不把组织体育运动队看作提倡体育运动的唯一办法。当时这种倾向却是一种时髦，以致造成不正之风，甚至宠坏了不少很有发展前途的运动员。张伯苓说："这样做，实际是害了运动员。"

张伯苓始终坚持体育的目的主要是学生体力及健康的增长。体育的基础在于普及，体育运动队是达到上述目的的一种方法。因此，南开的体育运动队是在通过体育普及涌现出大量优秀选手的基础上产生的。这些选手的选拔非常严格，不仅体育技能出色，而且学习成绩良好，品德高尚。当年校刊的文章这样写道："运动员必经校医之检验认为做激烈运动无妨碍，所习功课完全及格，且能恪守指导员之命令者，始能被选中。凡违背此项规定，或取消其选手资格，或令其选修普通体育。至于选手之待遇则一如其他普通学生，即所著运动衣亦须各选手自己出半价购买之。此为本校与他校迥异之点，亦本校注重运动而不陷于恶习者也。"

1935 年第六届全国运动会上，
张伯苓为运动员颁奖

经过认真体检后，体育科根

据学生的年龄、身高和体重，给学生每人计算出一个健康指数，根据这个指数再制定出每人各项体育项目的达标标准。由于有根据，区别对待，标准各异，学生能自己掌握达标要求，所以在体育考试后，学生立刻就知道自己的成绩是否达标。学期结束后，南开中学寄给学生家长成绩通知书共有三份，一份是操行成绩，一份是文化课成绩，一份是体育成绩，借以向家长汇报学生本学期内德、智、体三方面的具体情况。所以说，南开的运动员个个品学兼优。

张伯苓与学生进入运动会会场

张伯苓在严格要求运动员的同时，更鼓励他们在运动场上创造佳绩。他要求运动员在坚守体育道德准则的同时，在校要刻苦训练，在赛场应努力拼搏，尤其是代表国家出征国外时，更应勇夺优胜，为国争光。南开学校的惯例是，每当运动员从华北运动会、全国运动会或远东运动会载誉归来之时，在校长张伯苓的主持下，全校一定举行盛大的欢迎活动。无论是白天还是夜晚，运动员只要一踏上天津的土地，便会受到南开同学的三路迎接：一路打着横幅、捧着鲜花在火车站迎接，一路扯着彩旗、奏着乐曲在电车站驻足，一路放着鞭炮、列着队伍在校门口等候。进了校门，接着就是欢迎盛会。张伯苓和师生代表先后致词，他们会把最美好的词句献给运动员，有时还要由校剧团演出话剧。学校不但要为每个运动员颁发奖品或纪念品，还要在校庆时展示大家在历届体育赛事上创造的佳绩。学校礼堂里挂满了历年体育优胜锦标，礼堂门厅里陈列着历年体育比赛所获体育锦标、奖杯、奖盾，琳琅满目，光耀夺目。校庆大会成了运动员的褒奖大会，更成了激励全校师生体育竞胜精神的盛会。

张伯苓十分重视对优秀运动员的表扬奖励，学校规定：田径运动员在校外体育比赛中获得名次三次，足球、篮球、网球、棒球等运动员代表本校满两年，或参加正式比赛超过 10 次，其毕业时由学校颁发运动奖状；凡代表学校对外比赛取得优胜的运动队，由学校奖给 6 英寸照片；凡打破学校运动纪录者，由学校奖给纪念杯一只，锦旗一面；凡代表学校比赛得奖者，加奖镌有“南开”字样的荣誉校章；凡代表本国赴国外运动会得奖者除给予奖励外，学校还将他们的放大肖像长久悬挂于学校会客室内。这种近乎英雄的待遇，让所有运动员都感到自豪。

南开学校有 4 名同学因在远东运动会上夺得冠军而获此殊荣。南开的这种重精神不重物质的健康有效的奖励措施，无疑是对运动员的极大激励，在全校产生了深远而积极的影响，南开优秀运动员和运动队不断脱颖而出，使南开体育长期发达，经久不衰。因此，南开的运动员经常自豪地说：“在南开，最荣耀、最受尊重的就是我们！”

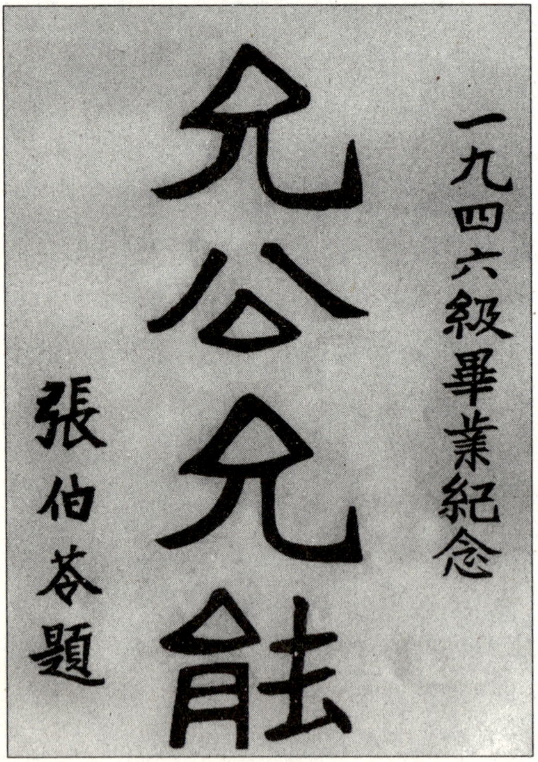

张伯苓题词

在南开，普及学校体育与重视选拔运动员是相互促进，相互发展的，而运动员很好的道德风尚，不断影响和带动着全校学生的体育运动。《南开周刊》曾著文指出：“现在南开运动员诸君，尤其是特别高手，个个皆注重个人的人格，个个皆和蔼可亲，对师长、同学毫无虚骄之气。同学对运动员，既然有特别的好感，所以自己也觉得有趣味，而乐意去运动。从此，同学们便健康许多，便无形中减去了许多疾病。运动员诸君之举动，确可以转移一校同学之感想，代表一校之精神。由此看来，学校优秀运动员，实际上便是优待全体同学。”

尽管许多运动员、运动队取得了诸多好成绩，为学校、为国家争得了荣誉，但张伯苓却从不允许运动员搞特殊。为了防止社会上“选手体育”、“锦标主义”对运动员的不良影响，学校规定南开运动员从校外比赛归来，应照常参加各项考试，如果有违犯校规或考试不及格者，照样受处分或留级，绝不姑息。张伯苓就是要通过这些严格的规定，为国家培养人格完全、品学兼优的栋梁之才。

12. 崇尚良好的体育道德

旧中国的体育界存有许多弊端。由于国民党政府的不重视，体育运动既无官方专设机构，也无专项经费的支持，致使体育人才匮乏，各级学校体育课师资严重不足，造成大多数学校行政当局不重视体育，只是按照老框框敷衍应付，一般体育教师率皆墨守旧法，一成不变，其所采教材，又嫌过于陈旧，遂致学生因循敷衍，毫无裨益的现象。尽管政府没有投入，但造就体育人才，尤其是在各项体育赛事上取得名次，却是衡量一所学校综合实力的重要标准。于是，各学校为投入少、见效快，只培训少数顶尖选手为学校争名夺利，甚至有的学校到处挖运动员。这些运动员可以不经考试即被录取，学习期间校方根本不过问他们的考试成绩，只要他们代表学校在各项运动会上取胜，不仅不必上课而且还能拿到丰厚的津贴，几年后照样可以拿到文凭。这就是当年盛行的“选手体育”。

在这种空气下，一些学校毫无顾忌地鼓励运动员夺锦标，拿奖品，而主办者又往往不惜巨金置办贵重奖品，引诱青年拼命争夺。于是，在青年学生中又形成了“锦标主义”思想。造成体育竞赛风气每况愈下，或弄虚作假，投机取巧；或裁判不公，不服裁判；或无理取闹，大打出手。有人用“无时不争，无处不闹”来描述当年的比赛赛场，一点也不过分。

运动员的赛风正是社会风气的缩影。张伯苓对于体育运动的不正之风忧心忡忡，他在自己管理所及的范围内努力改变这种风气。在南开学校里，在他出席的各种运动会上，他多次讲到，良好体育道德是学生健全人格的一个重要组成部分，没有良好体育道德的运动员即使成绩再卓越，他的人格也是不健全的。他强调：“专就体育而言，则当力求普遍均衡发展。目前大家只知着力培植选手，仍然不能达到促进国人健康的目的，无法取消‘东亚病夫’的恶名。”

张伯苓毅然举起倡导良好运动风气的大旗，决心扭转体育运动的歪风，对于运动员，张伯苓不只看重比赛成绩，更要求要有优秀的学习成绩和良好的体育道德。在这一思想的指导下，南开学校的运动员从不搞特殊化。运动员比赛归来，照样得进课堂学习，因比赛落下的课程，学校也要安排补课，学校的各项考试，运动员一项也不能少。南开学校足球队有一名优秀的守门员，是 1915 年南开球队取胜的关键人物，他的守门技术堪称一绝，很少有人能攻破他的十指关，但是他的文化考试有不及格科目，张伯苓依然没让他参加 1916 年的足球比赛。

1929 年张伯苓在美国考察

为了形成良好运动习惯，促进社会体育竞赛风气转变，张伯苓做了大量宣传教育工作。他经常对学生进行体育道德教育，并针对运动场上出现的问题，对运动员讲解应有的品格。他强调，第一，不以不正当的方式侵害对方。他说："竞争时，或因好胜之心过大，而不免有不正当之举动，此最宜切戒者也。即使用不正当方法，幸得胜人，而于道德已有碍矣。"第二，不以虚诈的方式投机取巧。他说："凡欺人者，即幸能欺其所欺之人，亦必失信于其旁观者，自损名誉，难逃人眼。"他引用美国总统林肯的话告诫运动员："虚诈可欺少数人而不能欺全世界，可欺人于一时而不能欺人于永久。"第三，运动员的品格高于比赛的胜负。他说："运动员的品格，较比运动的胜利更为要紧；正当的失败比不正当的胜利更有价值……运动所争者，胜负而已。苟一战而负，负而已矣，人格上固犹在也。若夫人格一有损伤，则虽胜又岂值得若许代价哉？以上诸生务须注意，运动员亦须特别注意。"第四，要有合作与公平的精神。他认为，体育是培养团结合作精神和大公无私的好方法，“因为体育方面有两个很好的训练：一个是合作，一个是公平。譬如，足球比赛胜负决不能只靠前锋的进攻或门将的守卫，必须赖全体队员共同努力，这种共同的努力便是合作。再如田径赛，自以守规则者为上乘，偷巧的比赛者一定不为人所尊敬，这一点便是公平。”第五，出国比赛要维护国家的体面和尊严。张伯苓多次率领国家体育代表队出国参赛。在比赛前夕，他总是一再告诫运动员：“比赛应以道德为根本，勿伤运动员之资格，而保我国体面。”

为了使运动员养成良好的道德风尚，张伯苓明确提倡“运动仁侠的精神”，并规范了普通标准、个人标准、对于本队的标准、对于敌队的标准和对于裁判员等五项“仁侠”运动员标准。标准规定：无论对待本队，还是敌队，抑或是观众，都要有一个节制的态度，时时表现得义气、诚实、公平、谦恭；每个运动员除始终遵守运动规则，服从队长及教练员指挥外，还有百折不挠的精神，失败了不气馁，胜利了不炫耀；而一名高素质的运动员只求以自己的运动技能和力量胜人，除此之外，别无所求；对于本队则要一切以集体利益为重，勇于牺牲自己的荣耀，以求全队的胜利，更要同舟共济，同心协力；对待竞争对手不仅要友爱相待，恭敬有礼，而且要光明磊落的态度，绝不能以欺诈的方法，对手取胜也应表示祝贺；对于裁判员应始终服从和尊重，即使有不公道之处，也只有队长才能质询，尤其不能靠裁判员的疏漏取得不公道的利益。

1917 年南开中学学生在南开操场举行会操

此外，对观看比赛的观众也有明确的要求：为运动员高尚义气的行动喝彩；为运动员优美的技能喝彩（无论何方得胜）；若运动员表现不义气或粗野的举动时，大众不应做声；对于裁判员裁判失当时，不得做无礼的呼声或污辱。

在张伯苓体育思想的感召下，南开运动员在国内、国际的各项赛事上，始终保持良好的体育风尚。他们不仅赢得了比赛，同时也赢得了对手的尊重，赢得了全国体育界的一致好评。《体育周报》曾评价南开体育说：“南开学校的体育，在全国是占有重要的地位。按照以往的成绩说，几乎全国没有不知道南开的，而尤其是篮球一项，尽人皆晓，其他各项运动中，也造出不少的优秀人才。差不多每项选手一出场，均能得一般人的景仰及好评。这不仅是在技术方面的超越，而确是因为她的精神道德所得来的代价。”

20世纪40年代重庆南开中学团体操及由灌木冬青组成“允公允能日新月异”校训

1907年，在南京举行“宁垣界第一次联合运动会”（即江南第一次联合运动会），全国80余所学校参加。张伯苓率南开学校11名选手参赛。师生一路坐船，颠簸劳顿，第一天预赛时因晕船疲乏未得休息，成绩受到影响。尤其是跳高项目，在最后的高度上，孙宝信两次越过横杆，但脑后的辫子却把横杆扫落，观众大呼应该算过，但裁判认为辫子是身体的一部分，仍判失败。这让南开队员非常懊恼，在一旁观战的张伯苓也看在眼里。当天比赛结束回到驻地后，张伯苓就让同学们把妨碍比赛的辫子一律剪掉。当时还是清朝末年，剪掉辫子是只有孙中山领导的革命党或反清革命志士才有的行为，因此需要相当的勇气，难怪张伯苓这一行动被当年的新闻界称为“与传统挑战的壮举”。第二天，全体南开运动员光头登场亮相，结果大获成功，一举夺得第一名。南开运动员的这一“壮举”一时成为整个运动会的热门话题，人们无不为张伯苓和南开同学们的勇气而喝彩，有些学校也效仿他们剪掉了辫子。

13.推进近代天津体育

张伯苓在苦心经营南开学校的体育教育和体育活动的同时，热心在天津宣传体育、倡导体育、普及体育，为近代天津体育的建立与发展做出了重大贡献。

近代天津有组织的体育活动，最早当属 1903 年（清光绪二十九年）在基督教青年会干事倡导下，成立天津中等以上学堂体育联合会，创办天津学校联合运动会。北洋大学堂、普通中学堂、官立中学堂、新学书院和高等工业学堂等 5 所学校参加了比赛。这届赛会是我国举办最早的校际运动会。赛会分成人、童子两级，比赛项目多局限于田径，此后基本保持每年秋季举办一届。

1931 年天津市运动会运动员留影

1907 年，在张伯苓的倡导下，私立南开中学堂举办运动会并附设津埠小学运动会，专约全市各小学校学生到会比赛，优胜者同由南开中学堂备赠奖品。从此，改变了小学体育竞赛无人问津的状况，活跃了天津小学体育运动。

1908 年 10 月，第六届学校联合运动会在青年会召开，在赛跑比赛中开始使用秒表记时，这是近代天津体育史上的第一次。10 月 22 日晚，在南开学校操场举行颁奖仪式，并首次用投影机放映了伦敦奥运会的图片。

从 1909 年 10 月第七届学校联合运动会开始，多由南开中学、天津官立中学和普通中学联合发起主办，并且开始有直隶通县协和书院和唐山路矿学堂等外埠单位的加盟。第八届后，外地单位逐渐增多，直隶通县协和书院、北京汇文书院、唐山路矿学堂、保定高等学堂以及邢台县宏道学校等十数单位陆续参赛。

1917 年 4 月 14 日，第十四届赛会在南开学校操场举行，以赛跑、跳高、跳远、掷铁球、掷铁饼、掷标枪等田径项目为主，南开学校夺得第一，第二新学书院，第三为育才。同年 11 月 18 日，在张伯苓积极奔走下，南开中学、高等工业、新学书院、法政学校、海军军医学校、北洋大学、德华小学共同创建了天津学校联合足球会，制定了相应规则。

1921 年 5 月 14 日，天津第十八届赛会在南开操场举行。南开学校、北洋大学、高等工业、新学书院、省立中学、扶轮中学、成美中学等校参加。运动场中，高搭彩棚，西侧为男女参观席，南侧为运动员休息席，中为省署乐队席，一切布置极为整齐，运动场秩序由南开学校、青年会和新学书院童子军负责维持。

天津学校联合运动会由小到大，逐渐成为集天津及周边地区官立、私立各大、中、小学校学生的一场盛会。至 1925 年共举办了 21 届运动会。

在此期间，天津体育运动在全国崭露头角，许多项目的成绩都在全国名列前茅，以田径运动为例，天津是全国开展田径运动最早的城市，早在 1881 年（清光绪七年），北洋水师学堂就设有竞走、跳高、跳远、跨栏等田径项目，天津田径选手在远东、华北、全国运动会上都曾创造过辉煌的战绩。比如，1910 年，张伯苓带领天津田径运动员参加了在南京举行的第一届全国运动会，取得了 6 个冠军、3 个第二名，1 个第三名的好成绩，孙宝信、李树池、翟承修等也以最早为天津赢得全国冠军的田径运动员，而被永远地载入天津体育史册。

1947 年天津秋季运动会在南开学校举行

1911 年，英国驻津总领事发起举办万国田径运动会，津门各公立、私立学校纷纷参加，南开中学堂、普通中学、官立中学等校的田径均取得了优异成绩。1912 年，旅津外国人再度举办运动会，除在津西人参加外，天津的学界、工商界也加盟其中，这次赛会南开学校荣获团体第一名。1916 年，在南开学校举行了第四届华北运动会，为 1917 年在日本举行的第三届远东运动会选拔了优秀运动员。张伯苓以领队身份带领中国代表团参赛，有 7 名天津运动员随队出席，新学书院的袁庆祥、郭绍仪和南开学校的陈文瑗包揽了跳高的前三名，新学书院的丁煦春、郭绍仪夺得撑杆跳高冠亚军，南开中学刘荫恩获铁饼第三名。

1927 年，第八届远东运动会在我国举行。在这届赛会上，日本代表队表现出极强的实力。张伯苓目睹了日本队的突飞猛进和中国队停滞不前，深受刺激和震动。回天津后，他与杜庭修、董守义、杜连科、章辑五等人多次探讨失利原因，寻求医治中国体育的良方。9 月 18 日，张伯苓邀请天津体育界人士在南开学校集会，提出建立天津体育协进会想法，得到与会人员的一致响应。

天津田径运动员齐沛林在 1948 年第七届全国运动会上一举夺得冠军

同年 9 月 20 日下午，在南开学校会议厅举行了天津体育协进会成立大会。会上，张伯苓报告了组织该协会的动机和宗旨：一是联合天津体育团体，促进体育之进步；二是主持天津业余运动，并增进运动员仁侠之精神；三是举办各项运动比赛，由本会统一负责进行。推举张伯苓、颜惠庆、胡政之、孙凤莲、卞白眉为名誉会长，选举章辑五为会长，杜庭修、唐逵为副会长。董守义任专职干事。会址设在东马路天津基督教青年会内。天津体育协进会成立后，各项体育比赛统由该会负责，学校联合运动会的职能随即结束。

为加快天津体育事业的发展，广泛团结天津体育体育界人士，在张伯苓的倡议下，1928年5月，在南开大学秀山堂召开了天津体育教师联合会。大会对社会体育、学校体育的教材、经费、设备、组织管理以及教师自修等问题做出决议。此后，为规范体育比赛制度，研究各项体育规则，提高裁判员能力，审定裁判员资格，1929年4月该会又成立天津裁判委员会。从此，天津体育裁判制度走向规范化。随着协进会在天津体育界影响的不断深入，至1932年，共有40多个社会团体、学校，70余人加入协进会。

天津体育协进会成立后，除积极倡导和推动天津的学校体育和社会体育外，还为奥运会、远东运动会选拔运动员，组织参加全国运动会、华北运动会，筹备召开天津校际运动会等方面做了大量的工作。天津运动员继续大显身手，例如1931年在济南举行的华北体育运动会上，新学书院的吴必显夺得亚军。同年，他又以1.80米的成绩平了全国跳高纪录。1933年在青岛举行的华北运动会上，吴必显再以1.82米的成绩夺魁，打破全国跳高纪录。1934年5月在远东运动会上，他不畏强手，当横杆上升到1.83米时，日本选手矢田触杆失败，观众把目光集中到吴必显身上。他沉着镇定，轻松自然地跃过了横杆，观众席上顿时爆发出潮水般的掌声和欢呼声。吴必显以第4名的好成绩为中国田径项目赢得了宝贵的一分，成为当时中国唯一获奖的运动员。

消息传来，全国振奋，各大报均以通栏标题报道了比赛的情况，称颂他不畏强手、为国争光的精神。1936年，吴必显以骄人的战绩，名列第十一届奥运会参赛运动员的行列中。同年7月，中国运动员乘邮船远渡重洋，赴德国参赛。二十多天的海上颠簸，使他们的体力消耗很大，加上在旅途中无法进行训练，难以恢复原有的状态，吴必显在奥运会比赛中虽然跃过了1.80米的高度，但在冲击1.85米横杆未果后，遗憾地失去了决赛权。吴必显创造的男子跳高全国纪录一直保持了十八年之久。

14.创建中华全国体育协进会

清朝末年，随着欧美传教士们在中国倡导体育，以及基督教青年会和教会学校开展体育活动的影响，京、津、宁、沪、穗、港等地的各项体育比赛日益活跃，并由少数教会学校参加逐渐推及埠际，这便是近代中国体育运动的发轫。但当时并没有健全的官方体育机构，仅靠一些热心的社会人士倡导开展体育活动。

1910 年（清宣统二年）10 月 18 日，时任天津基督教青年会董事的张伯苓，与北京青年会总干事格林、上海青年会体育干事埃克斯纳等人，共同组织召开了第一次全国学界运动会，后被国民政府追认为首届全国运动会。会后，张伯苓以赛会发起人、总裁判的双重身份，与唐绍仪、伍廷芳、王正廷等在南京发起成立了“全国学校区分队第一次体育同盟会”。这是中国的第一个社会体育组织，也是中华全国体育协进会的前身。

1936 年 11 月当选为中华全国体育协进会主席董事的张伯苓

全国学校区分队第一次体育同盟会虽然成立，但它纯属一个临时性组织，既没有固定的会址，又不能建立起完整健全的行政系统，更没有政府的投资。所以，在运动会结束后，各位会员随即各奔东西。但该组织的创始人张伯苓并没有因此而消沉，他以南开中学堂为依托，广聚全国体育人才，大力建设基础体育设施，建立完善体育教学体制，推广体育运动。

1914 年，张伯苓联络体育界人

士，成功地在北京举办了第二届全国运动会。此后，随着全国体育运动的开展，中国体育行政区域被划分为华北、华东、华中、华南及华西等五个区，各区均组建了独立的体育联合会，以主办各该区体育赛事。当时的有关人士也称："我国社会体育日益普及，此不能不归功于该会者也。"

1923 年，东京第六届远东运动会上，代表中国参赛队登台讲话的竟是美国人格雷（J.H.Gray），这在运动员、旅日华侨和国内民众中引起强烈反响，"尽快成立中国人自己的体育组织"的呼声一浪高过一浪。于是，中华全国体育协进会就在国人的热切企盼中正式提到议事日程。

1924 年 5 月 22 日，第三届全国运动会在武昌举行。赛会期间，五区体育联合会代表一致倡议建立一个代表整个国家民众体育的机构，并推选张伯苓、王正廷等筹备、主持其事。延至 8 月，"中华教育改进社"在南京召开年会，五区体育联合会代表也多出席了此次会议，遂借此集会之便，召开了全国性体育机构的第一次全国大会，通过简章，正式定名为"中华全国体育协进会"，并推选张伯苓、王正廷为名誉会长，沈嗣良为名誉主任干事，其他 15 人为董事。当时因政府没有经费支持，只得先借上海申报馆为会址。

中华全国体育协进会的成立对推动全国和各地区体育运动竞赛的开展，加强国际体育联系，组织参加国际体育活动和推动中国奥林匹克运动的开展等方面起到了积极的作用，这是中国人自觉主动接受奥林匹克运动的重要标志。张伯苓虽为名誉会长，却实际主持着该会的日常工作，肩负着筹办各项国外赛事，选拔参赛队员，赛会总裁判、总领队等艰巨任务。

1927 年，中国成功地承办了第八届远东运动会，这是"该会成立后第一件大事，亦即华人自管体育事业之嚆矢"。就在这一年，中华全国体育协进会会务逐渐由国内延伸至国外，先后成为国际田径、游泳、体操、网球、举重、拳击、足球、篮球等协会会员，我国优秀体育选手从此获得了参加国际比赛的资格，国际体育赛场开始出现中国人的英姿。

1928 年，中华全国体育协进会得到全国青年协会的赞助，租得美国基金团的上海法租界运动场 130 余亩，辟为田径、足球、棒球、网球等各项体育活动的场所，暂借圣约翰大学及《申报》馆为临时办公处。此后，中华全国体育协进会除筹办参加国际比赛外，更协助政府举办第四、第五、第六届全国运动会。

1933年10月10日，第五届全国运动会在南京揭幕。中华全国体育协进会也于当日召开了第二次全国代表大会，与会代表32人。这32名代表是根据1931年8月30日常务董事会决定，按照全国运动会办法，以省市特别区及华侨团体为单位而产生的。会议除修订了会章外，还改选了会长、董事等。会议选举张伯苓为会长，王正廷为主席董事，沈嗣良先生仍蝉联名誉主任干事一职。

1934年1月，在全国体育协进会成立10周年之际，张伯苓、王正廷呈文教育部，“恳请拨款资助，藉维会务，发展体育”。信函历陈该会自1924年成立以来，“对于国内体育事业之推进，与夫国际体育竞赛之联络，具有相当成绩，宇内咸所闻知”。信函特别强调，经过多年的努力联络，该会得以加入世界运动会会员，先后成为国际田径、网球、足球、篮球、游泳等5个协会会员，提高了中国在国际上的知名度，在增进国民之体育，发挥民族之精神方面发挥了作用。

信函最后请求说：“敝会既有深长之历史，又有昭著之成绩……现敝会组织，业经全国第二次代表大会改选，此后进行方针，正拟发展全国之体育及国际之联络。为此，缕叙前因，沥陈现状，恳请大部(即教育部）赐拨资金，每年额定国币2万元为常年经费。其有不足，再事募征，则基础既固，协济易筹。明知时局艰难，帑款支绌，但体育为国家要计，民族之精神系焉。想大部规划深远，策远机先，必不惜此微款，而乐为全国之体育倡也。”尽管这封信函言语恳切，内容入情入理，但教育部接函后并未予以理睬，

1934年8月3日中华全国体协全体董事会议合影

更没有拨款。

1935年10月18日，中华全国体育协进会乘在上海举行第六届全国运动会之便，召开了第三次全国代表大会，会议再次修订了会章，张伯苓、王正廷、沈嗣良等仍继续被推举为负责人。

1936年，中华全国体育协进会开始组织全国有识之士观摩欧美各国体育开展情况。在全国范围内，为参加在柏林举行的第十一届奥运会选拔了69名选手，组织体育考察团，为弘扬我国尚武精神，还特意组织了一支国术表演团，组成了一支140名代表和职员，奔赴德国柏林。这是旧中国三次参加奥运会队伍最为“庞大”的一次。由于成功地完成了此件体育大事，中华全国体育协进会颇获政府的好评和国人的赞誉。蒋介石在南京接见奥运代表团的同时，口头表扬了该会的“认真工作”。

然而，就在中华全国体育协进会蒸蒸日上、蓬勃发展的时候，1937年7月日本发动“七七事变”，侵华战争进一步扩大，中国人民随即陷入了水深火热之中，中华全国体育协进会的工作也进入了前所未有的艰苦阶段。

“七七事变”后，中华全国体育协进会总干事沈嗣良因需留沪主持圣约翰大学校务，未能随该会内迁重庆，一时该会日常工作无人负责，几至停顿。在这生死存亡的关键时刻，该会主席董事张伯苓挺身而出，为该会工作多方奔走，决定1941年2月1日在沙坪坝重庆南开中学召开该会董事会议。这次会议决定增聘董守义先生兼任副总干事，负责拟订本会战时工作计划。

同年5月6日，张伯苓亲自将该会重要文件呈送国民政府社会部，由该部核准备案，颁发钤记，成为政府法定机构。然而，政府财政仍不给予中华全国体育协进会任何资金支持，该会只得暂借重庆夫子池新运模范区135号为临时会址。为了让该会有一个安定的办公屋舍，张伯苓、董守义日夜奔波，各方游说巨贾绅商为该会捐款，后利用捐款在重庆大田湾建起了两间西式平房，这两间平房成了该会八年抗战艰苦时期的办公地点。

1942年2月7日，中华全国体育协进会再度召开董事会，议决将叛国降日的常务董事褚民谊开除会籍，增聘戴传贤、陈立夫、谷正纲、张治中等为名誉董事。10月1日，奉社会部令，该会进行改组，取消董事会，原任董事改称理事，名誉董事改称监事或名誉理事，分别组织理事会与监事会，公推张伯苓为理事长，商震为常务监事。

中华全国体育协进会重新建立起来，但没有政府资金支持，各项工作一时无法开展。该会遂“编具经费概算计75.632万元，呈请行政院予以补助”，行政院遂交财政、教育、社会三部会核，后经三部核减为46万元。但一年过去了，这笔款项却迟迟未到。1943年2月17日张伯苓遂致函孔祥熙。

号称“以办教育起家、注重体育”闻名的国民政府要员孔祥熙，1901年曾留学美国，1907年获美国欧柏林大学学士和耶鲁大学理化硕士学位。同年回国，在山西太谷创办“铭贤学校”，推行新式教育。辛亥革命后，曾任山西都督阎锡山的顾问，1924年赴广州任广东革命政府财政厅厅长，1927年任武汉国民政府实业部部长。之后赴南京，历任南京国民政府实业部长、财政部长、行政院长、中央银行总裁和中国银行总裁等职。

张伯苓与孔祥熙曾有旧交。1918年4月在太原举行的运动会上，身为总裁判长的张伯苓与前来接待的孔祥熙初次相识。1936年西安事变中，时任代理行政院长的孔祥熙曾电请张伯苓赴西安说服张学良释放蒋介石，由此二人关系更近一层。1939年，孔祥熙因推进中国体育发展的“突出贡献”而成为国际奥委会委员，他曾利用自己的地位和社会影响力，为在中国发展奥林匹克运动发挥过一定作用。正是基于上述私人关系和孔祥熙“关怀民族健康，热心体育事业”，张伯苓才致函孔祥熙，恳请他尽量筹拨补助费，以维会务而利国民体育之推行。

不久，孔祥熙复函称：“已饬财部增拨20万元，并分行各机关知照矣。”对于中华全国体育协进会日趋开展的工作，以及在全国开展体育活动的需要，这20万元补助费是杯水车薪，不能解决根本问题。7月25日，张伯苓硬着头皮再度向孔祥熙求援，其信函里一方面感谢孔祥熙“赐拨一次补助费20万元”，另一方面恳请孔祥熙设法追加补助费35万元。11月13日，孔祥熙复函，允诺再拨补助费10万元，并加入下一年度预算。然而，据档案记载，中华全国体育协进会并未收到这10万元，孔祥熙给张伯苓开了空头支票。

没有政府的资金支持也要开展工作。于是，1943年10月1日，中华全国体育协进会举行了第一次理、监事联合会议，决定在全国范围内发起募集体育经费500万元的运动，会议推举张伯苓、朱家骅、吴铁城、张治中、沈鸿烈、商震、郝更生、马约翰、董守义等 9 人为筹集委员。此后，协进会的经费多由该会向社会和热心体育人士募集而来，张伯苓等人就是在这种困难情况下苦苦支撑着中华全国体育协进会的生存和发展。

中华全国体育协进会会长张伯苓与王正廷、沈嗣良等合影

张伯苓、董守义等凭借筹集来经费，率领着该会会员，主办全国巡回辅导团，指导成立各地分会，会同重庆体协推行各种社会体育活动，编印中华体育通讯，审订各项运动规则，协助各机关办理体育比赛，会同策动体育界从事推动全国体育发展的重要工作。可以说，正是由于张伯苓、董守义等的不懈努力和执著追求，才使中华全国体育协进会工作不致停滞，才让全国的体育运动在这血雨腥风、民族危亡的八年里日益勃兴。

1945 年 8 月抗战胜利后，政府还都，中华全国体育协进会工作恢复正常，复员南京。复员后，由于人力财力的严重缺乏，该会所遭遇的困难实不在抗战时期之下，但张伯苓、董守义等仍没有一丝懈怠，一方面重与国际奥林匹克委员会建立关系，一方面与政府及社会热心体育人士密切联系，筹募经费，一方面派遣该会干事分赴各地组织分会。在他们的努力下，不到一年，即先后在平、津、冀、穗等地建立分会十余所。一年后，又依靠各方捐款，在南京剑客路兴建了办公房和职员宿舍，还购置了两架电影放映机，体育活动影片数十种。直到 1947 年初，一切准备工作就绪，该会才在新址正式开始办公。

此时，张伯苓虽将主要精力投入到教育事业，但仍参与筹备参加第十四届奥运会工作。1948 年 5 月 12 日七届全运会在上海举行，该会也召开了第四次全国代表大会，会议改选了理监事，修订会章，研讨工作方案。

自 1910 年至 1949 年全国解放，中华全国体育协进会在北洋军阀和其后的国民政府没有任何财政投入的情况下，惨淡经营了 39 年。正是靠了张伯苓、王正廷、沈嗣良、董守义等一批热爱体育的有识之士，以坚定不移的信念和顽强不屈的毅力苦苦支撑，中国体育才能从无到有，从无机构到有组织，从国内到国外，从弱小到强大。他们功不可没。

我国著名体育专家郝更生评价张伯苓的体育功绩时说："中国近代 50 年来的体育史，和张先生有不可分离的关系……数十年来，先生提倡体育热忱，始终不懈，其精神感召和领导作用，对我国体育有不可磨灭的影响。我国体育能有今日的基础，先生之功甚大。"

15. 倡导并参与全国运动会

张伯苓是旧中国举行的七届全国运动会的积极倡导者和参与者，在这七届全国运动会中，他一直担任大会总裁判，其中有成功也有失败，他对规范近代中国体育运动，制订裁判规则，培养裁判队伍，都做出了不可磨灭的历史功绩。

清末时期，中国近代体育主要是以兵操为代表的学校体育，社会体育很少。1898 年（清光绪二十四年），在北洋大学堂总办王少泉、总教习丁家立的倡议下，邀请天津北洋水师学堂、武备学堂和电报学堂等代表队，在天津举办了全国最早的一场校际竞赛。1902 年，天津又举行了全国最早的各校联合运动会。此后，烟台、浙江、长沙、南京等地相继举办校际运动会。

1907 年，张伯苓带领学生参加了天津基督教青年会在南市举行的运动会，其中一名学生取得了跳高第三名。不久，在张伯苓的倡导下，私立南开中学堂举办运动会并附设津埠小学运动会，专约全市各小学校学生到会比赛，优胜者由南开备赠奖品。从此，改变了小学体育竞赛无人问津的状况，活跃了

1935 年 10 月 10 日，第六届全国运动会在上海市中心区运动场举行，图为大会开幕式盛况

天津小学体育运动。

1910年10月18日，时任天津基督教青年会董事的张伯苓，与北京青年会总干事格林、上海青年会体育干事埃克斯纳等人，共同组织召开了第一次全国学界运动会。这次运动会有华北队20人、上海队40人、华南队28人、吴宁（苏州、南京）队31人、武汉队21人，共计140名运动员参赛，每日观众4万余人。比赛项目主要有田径、足球、网球、篮球四大项。田径分高等组分区赛、中等组分区赛和全国各校联合赛三种。计分方法为，第一名5分，第二名3分，第三名1分。各项总计得分最高的队夺得冠军锦标，奖励一座银杯，单项前三名者依次奖励一面金、银、铜牌。辛亥革命后，这次运动会被追认为第一届全国运动会。它已具有近代大型运动会雏形，为以后历届全国运动会奠定了基础。

第一届全国运动会成功举办后，张伯苓、王正廷等又开始积极筹办第二届全运会。由于没有政府支持，他们只得再与一直热衷发展中国竞技体育的基督教青年会合作。1914年5月21日至22日，张伯苓等联合北京体育竞进会名誉秘书、北京基督教青年会干事、美国人侯格兰德（A.H.Hougland），在北京举行了第二届全国运动会。运动会参赛者分东、西、南、北4部，东部（华东）选手50余人，西部（华西）选手30余人，南部仅有来自香港的2名网球选手，北部（华北）选手50余人，运动员共140余人，全部为男性。选手都佩有黄、红、绿、白不同颜色的标带，用以区分不同的地区。本届运动会的比赛项目参照远东运动会确定为田径、足球、篮球、队球（排球）、棒球和网球6项。田径赛每项取前3名，计分采用“三、二、一”制（全能采用“五、三、一”制）；网球第一名3分，第二名2分；其余球类项目只取第一名5分。比赛结果：华北队获得田径、篮球、棒球、队球及网球双人锦标，华东队获足球锦标，华南队获网球单人锦标。

1924年，身为全国业余运动联合会会长的张伯苓联合武汉体育界人士，共同筹办了第三届全国运动会。运动会于5月22日至24日在湖北武昌举行。当时的湖北督军是北洋直系军阀肖耀南，为了捞取政治资本，他对这届运动会表示了支持，拨款修建了运动场和游泳池。这次全运会分华东、华南、华西、华北和华中5个代表团，香港及南洋的华侨亦派有代表参赛，运动员达

300 余人。比赛项目中男子增加了游泳，另有拳术、体操等表演项目。这届全运会第一次有女运动员参加，项目为篮球、排球、垒球，均为有奖品而无锦标。这次全运会第一次设立了团体操表演，第一次把“码”制改为“米”制作为丈量单位。各大区在赛前举行过 30 多次预选赛。运动会受到远东运动会的影响日趋正规化。在总裁判长张伯苓的提议下，除游泳和棒球有几名外国人担任裁判外，其余工作人员全是中国人，可称之为中国人自己举办全运会之始，反映了“五四”运动后从外国人手中夺回体育主权的斗争已初见成效。比赛结果：华东得足球、棒球、网球双人锦标；华北得田径、篮球、网球单人锦标；华中得游泳锦标；华南得足球锦标。因华北获田径锦标，依竞赛规程规定，华北队获本届全运会总冠军。

1924 年，中华全国体育协进会成立后，曾确定每两年举办一次全国运动会，并在第三届全国运动会后，议定 1926 年举行第四届全国运动会。但终因北伐战争的爆发而未能实现。后又议定 1929 年 10 月在广州举行，不久又接到国民政府训令，决定这届运动会与 1930 年 4 月至 11 月在杭州举办的西湖博览会同时举行。

第四届全国运动会是国民政府成立后的首次全国性运动会。因为受到国人自办第十届华北运动会的影响和张伯苓的再三呼吁，此届全运会改由浙江省政府筹办。为了与远东运动会接轨，首次改为按省、市为单位报名，共有湖北、广东、香港、青岛、安徽、江西、绥远、辽宁、福建、湖

1948 年 5 月 5 日至 15 日，第七届全国运动会在上海举行

南、东省特区、山东、河北、陕西、浙江等地的男女选手共两千余人参赛。男子组竞赛项目为田径、全能、游泳、足球、篮球、排球、棒球、网球8项。女子竞赛项目为田径、篮球、排球、网球4项，另有男子自行车、国术和女子舞蹈等表演项目。天津夺得篮球、网球两项冠军，总冠军被广东夺得。由于组织不善，比赛混乱，各队的抗议声不断。其中一名发令员因失误过多，竟被运动员“赏了一记耳光”，而一名足球裁判被队员追到上看台，打得昏迷不醒。

在旧中国的七届全国运动会中，张伯苓均以总裁判长的身份出席。这期间有成功的第五、第六届，也有糟糕的第四、第七届。他总说，干了这么多年体育，让我最头痛的就是裁判工作。1930年4月的第四届全国运动会期间，裁判工作遭到质疑。身为总裁判长的张伯苓深有感触地说：“开一个运动会就好比唱一出戏。运动员、裁判员和观众，也就如同生、旦、净三种角色。譬如唱《二进宫》的三个人，一个是生，一个是旦，一个是净。三个人都要各卖其力，希望得到圆满结果。如果一个角色松松懈懈，不好好地唱，那么，全剧便要因他一人而败！所以，三方面的人都要团结合作，共力悉敌，才能达到成功的目的！一个运动会或比赛，便和唱一出戏是一般无二。运动员、裁判员和观众都要各尽其职，以期有良好的收获。所以说，开运动会是与唱戏是异曲同工的。”张伯苓正是从这三者的相互依存关系出发，要求裁判员公平、公正、严明，一丝不苟，为运动员积极参赛和发挥最佳技术水平创造良好的条件。

为了提高裁判员的水平，时任中华全国体育协进会会长的张伯苓，请全国体育专家参阅国外规则，制定了一系列适应中国人的比赛规则，对执法全运会的裁判员进行了系统培训和严格考核。1933年10月10日，第五届全国运动会在南京举行。尽管做了大量的准备工作，身为大会总裁判的张伯苓仍深感责任重大，上届全运会的种种不愉快场面仍历历在目。在张伯苓的提议下，大会专设了裁判委员会。10月9日上午，张伯苓专门召集了所有执法裁判员开会，强调了三点意见：一是希望所有裁判员珍惜自己手中的权力，善始善终，团结一致，绝不能因裁判员的失误再发生事端；二是如果裁判员判罚有误，或各代表队领队、运动员对裁判员判罚提出异议，应一律提交裁判委员会裁决；三是要向运动员广泛宣传倡导运动第一，争胜第二的理念。当天下午，他又召集各代表队领队开会，详细解释了一些技术上的规则和程序，如纪录成绩单必须经总裁判签字方能通过现场广播对外公布，运动场内只允许裁判员、比赛运动员及指定特许摄影记者入内等。最后强调，比赛中各队如与裁判员判罚有争议，或裁判员不能做出裁决时，任何人不能在现场发生争执，一律提交裁判委员会开会讨论，最后由总裁判签字决定。期望所有参赛队、运动员要赛出风格，勿为虚荣而丧失人格。

由于有了充分的会前准备，这届全国运动会是组织最好、裁判争议最少的一届赛会，许多运动员取得了佳绩，共打破25项田径、游泳全国纪录，刘长春100米跑10秒7，200米跑22秒1，郝春德跳远6.912米，香港女子游泳选手杨秀琼初露头角。上海队获得男、女两个总锦标。大会期间，中华全国体育协进会在南京召开第二次全国代表大会，修订会章，改选董事9人，张伯苓仍任会长，主席董事为王正廷，沈嗣良为名誉主任干事。

1935年4月8日，第六届全国运动会全体筹备委员合影

第六届全运会于1935年在上海举行。国民政府出巨资，在上海江湾建造了规模宏大的体育场，并附有游泳池和篮球馆，可容纳观众6万余人，为当时远东之最。在中华全国体育协进会会长、全国运动会总裁判张伯苓的努力下，这届全运会第一次按国民政府教育部颁布的《全国运动大会举行办法》举行，参加办法、比赛规则、录取方法更加规范化。由于政府颁令各省市召开地区性运动会进行选拔，因而使本届大会超过了历届规模，计有38个省市的男女运动员和工作人员2700余人参加。这届全运会共打破19项全国纪录，上海队蝉联男、女总锦标。运动员入场时，东北五省市运动员身着丧服，队旗黑白各半（以示白山黑水之意），最让人难忘，当时全场数万观众目睹此景，无不悲愤而泪下。

运动会召开期间，中华全国体育协进会召开了第三次全国代表大会，根据修订的会章，将会长名义取消，主任干事改为总干事，董事名额增至15人，张伯苓、王正廷、沈嗣良等继续当选该会主要负责人。

由于抗日战争等原因，全国运动会中断了十余年之久。1948年5月5日至15日，面临覆灭命运的国民党政府为了安定人心，掩饰其政治、军事上的惨败，在上海举行了第七届全国运动会。由于交通原因，大部分裁判员由沪宁杭三个地区的体育人士担任。因为这届大会准备不足，组织不力，裁判地域性强，组织官员贪污中饱，造成运动会一片混乱。田径场第一天就塌毁了3处，摔伤的观众哭声震天。运动会伙食太糟，裁判员吃不饱，带着情绪执法比赛，后果可想而知。运动员在场上互相殴打、打裁判之风盛行。由于物价飞涨，各代表团经费紧缺，华北和东北17个单位选手来比赛时即无路费，上海市长吴国祯派军舰将这些选手拉来。运动会闭幕后，这些选手无人管，只得在报上呼吁"请援助选手还乡"，最后由轮船公司和一些"善心人"慷慨解囊，才使北方选手得以回家。

尽管这届运动会可以用"乌烟瘴气"等词汇来形容，但仍有一幕让数万名观众动情而落泪，成为仅有的一点亮色：在大会闭幕式后，担任裁判主席的七十二岁高龄的张伯苓要求与运动员一起向观众致谢。也许是老教育家对时局做了又一次深邃的预测，只见两鬓斑斑的张伯苓手挽运动员缓步绕场一周，其间几次停下来，向台上的观众深深地鞠躬，他像是为这届运动会不成功的裁判工作向大家道歉，像是对国人多年来热爱体育、支持体育的致谢，更像是他对近代中国体育事业深情的告别……

16. 发起远东运动会

为了发展中国体育事业，传播奥林匹克精神，张伯苓积极参与和推进亚洲各国体育交流，对亚洲初期奥林匹克运动在发展做出了贡献。

1912 年，张伯苓与天津基督教青年会干事葛瑞、菲律宾体育协会主席布朗及日本青年会美籍干事克朗，发起组织远东业余运动协会和远东运动会，采用国际奥林匹克委员会的成规指导工作。以“为协助增进各种竞技运动之事业，发展各种竞技运动之组织，并增进运动之兴趣，发扬高尚之精神”为宗旨的远东运动会，原名为“远东奥林匹克运动会”，1920 年被国际奥委会承认，是世界上第一个与国际奥委会建立关系的区域性国际体育组织。

张伯苓与外国友人在一起

1913 年 2 月，在菲律宾的马尼拉举行了第一届远东运动会。从 1913 年至 1934 年间，先后在菲律宾马尼拉，中国上海，日本东京、大阪等地举办了十届远东运动会。初为每两年一届，1927 年后改为每四年一届。前四届运动会只有中国、日本、菲律宾三国参加，从第五届开始，印度、印度尼西亚、越南等也相继组团加盟。

赛会设有田径、游泳、足球、篮球、棒球、网球和排球等 7 个比赛项目。在当时，远东运动会代表了亚洲竞技体育的最高水平，为推进亚洲早期体育运动的发展曾做出积极的贡献。1934 年，因日本侵略中国，并坚持把伪“满洲国”拉入远东运动会，中国宣布退出。之后，远东体育协会由于中国的退出而宣告解体，远东运动会也随之停办。

1948 年 7 月伦敦第十四届奥运会期间，中国体协和菲律宾体育人士频繁接触，酝酿恢复远东运动会，并提请参加本届奥运会的亚洲各国探讨。国际奥委会委员、印度体育领导人古鲁桑迪认为仅仅恢复远东运动会不足以体现整个亚洲的运动水平和团结精神，主张创办一个包括所有亚洲国家参加的洲际运动会——亚洲运动会。为此，他遍访了来伦敦参加奥运会的亚洲国家体育代表团，邀请中国、韩国、菲律宾等 13 个国家和地区的代表召开了有关成立亚洲运动会联合会的第一次筹备会议。会议讨论通过了印度关于成立亚洲运动会联合会的提案，并推举中国、韩国、印度和菲律宾 4 国共同起草亚洲运动会有关文件和章程。会上还确定 1949 年 2 月在印度新德里举行第一届亚洲运动会。后由于印度国内的原因，运动会未能如期举行。

作为远东运动会发起人之一的张伯苓，是远东业余运动协会的成员之一，曾先后参加了第二、三、五、八、九届运动会，分任第二、三、九届的中国代表团总领队和第三、五届运动会的总裁判。在第三届远东运动会上，张伯苓会见了大会名誉会长大畏重信和会长嘉纳治五郎，并在开幕式上做了大会发言。从第五届后，张伯苓看到了中国队的差距和日本队的崛起。于是，他对日本体育进行了深入的考察，认识到日本国家和民众对体育高度重视和普遍投入，是他们取得进步的根本原因。回国后，他多次发表演讲，呼吁国民政府将发展体育事业列入日程，呼唤广大民众重视体育，广泛开展体育活动。

1915 年 5 月 15 日，在上海虹口体育场举办了第二届远东运动会，这是中国举办的第一次正规国际比赛。尽管开幕式那天，天公不作美，下起了大雨，但虹口体育场前却是旧式老爷车挤得水泄不通，人流如织，好不热闹。赛后，当年亚洲远东奥委会秘书长布朗评价说：“在我一生中从未见到过如此热烈的场面和人们对体育比赛表现出的热情。”

在外国人的眼中，短跑实力最强的当属日本选手，而半英里短跑比赛又有极具夺冠实力的日本名将吉子英的参赛，就更为引人注目。彩民们大多把赌注押在了吉子英身上，赔率高达数百比一。果然，决赛的发令枪一响，吉

1934年5月22日，中国参加第十届远东运动会的运动员留影

子英就一马当先地跑在最前头，日本的拉拉队不停地欢呼雀跃。就在他们自以为吉子英将要顺理成章取得冠军时，却忽视了一直紧随其后的中国运动员郭毓彬。随着比赛进入最后的冲刺阶段，只见郭毓彬步伐的频率不断加快，距离吉子英3米、2米、1米……就在这时，中国的拉拉队一下子活跃起来，他们的呐喊助威声震耳欲聋，响彻整个赛场。占着天时、地利、人和的优势，带着几千万炎黄子孙的期望，凭着自己多年苦练的本领，郭毓彬的速度越来越快，在冲刺的最后几米，终于超越了吉子英。在郭毓彬胜利冲过终点的一刹那，虹口公园沸腾了。人们眼中闪着激动的泪花，拼命地鼓掌、欢呼。

此后，郭毓彬一鼓作气又夺得了1英里比赛的冠军，大长了中国人的志气，为中国队取得径赛锦标立下了汗马功劳。在这届赛会上，郭毓彬一举成名，成为家喻户晓的英雄。第一次知道郭毓彬名字的人都在打听："郭毓彬是哪儿的人，他是哪个学校的呀？"后来有报纸报道，郭毓彬是河南项城人，从小喜欢运动，尤其擅长田径运动，1910年考入天津南开中学后，专攻半英里和1英里赛跑。学校每年举行运动会时，他都名列前茅。1914年12月从南开中学毕业后，留校任体育课干事。在学校期间，他每天早晨五点就起床，在校门前操场进行训练，人送绰号“飞毛腿”。郭毓彬凯旋时，南开中学敬业乐群会负责人的周恩来手持一面锦旗，带队在校园门口迎接，为他召开了庆功大会。此后，南开中学又将郭毓彬大幅照片悬在瑞廷礼堂。

张伯苓为《童子军团刊》创刊号题写的“人生以服务为目的”警句

中国参加前六届远东运动会，多由全国青年会协会体育干事柯乐克、麦可乐、葛雷先后主持。中华全国体育协进会成立后，于 1924 年 8 月在南京开会，决定从第七届起由中国人筹办。1925 年 5 月，第七届远东运动会在菲律宾举行，从运动员预选到率队参赛均由中国人独立主持。此后两届远东运动会即完全由中国人主持办理。

17. 第十届奥运会

1928 年，第九届奥运会在荷兰阿姆斯特丹举行，中国获准派团参加。中华全国体育协进会召开会议进行了认真研究，鉴于当时运动员选拔面临的诸多困难，决定不派运动员参赛，只派代表作为观察员出席。全国体协驻会人员经磋商认为张伯苓是合适人选，加上张伯苓本年有赴欧美考察教育之行，由其作为代表可谓公私两便，于是便将协会意见通知了他。

张伯苓接函后，即于 1928 年 2 月 25 日复信，信云："本年世界运动会在荷兰开会，我国代表一席鄙人极愿担任，所惜该会开会在七月间，而鄙人出洋时期系订于十一月，相距日限过远实在无法迁就，谨情奉达，尚迄诸公费神别推相当代表前往，是为知要。"张伯苓不能成行，只得改派他人。国际奥委会委员、时任中国政府外交部长的王正廷电请正在美国春田体育学院学习的全国体协名誉干事宋如海以中国副代表和观察员身份，由纽约径往阿姆斯特丹。

中国选手刘长春（右起第四名）在第十届奥运会 200 米预赛中

1932 年，第十届奥运会在美国洛杉矶举行，这次中国有条件选派运动员了，却面临着日本操纵所谓"大满洲帝国体育协会"妄图以伪"满洲国"名义挤进奥运会，以造成其独立于中国的分裂事实的问题。在这之前，日本侵略者发动“九一八事变”，伪“满洲国”出笼。日伪沆瀣一气，打起刘长春的主意。刘长春是东北大学体育系学生、短跑名将，十四岁时就跑出过百米11秒8的优异成绩。

东北大学在一个偶然机会发现刘长春。时任东北大学校长的张学良十分爱惜人才，就聘请德国著名田径运动员、5000米世界纪录保持者步起为东北大学田径队教练兼体育系教师。东大给了步起月薪800银元的优厚待遇，另配专用小汽车一辆，跑马两匹，以及汽车司机及马把式，还有一处单独的小院。张学良对步起全面训练刘长春寄于厚望。

“九一八事变”后，东北大学流亡关内。学生被遣散回家。刘长春返回大连西岗区老家。他前脚到家，后脚就有警察光顾骚扰。刘长春感到凶多吉少，赶快借钱凑船费秘密经过天津转赴北平，日本仍不甘心，两次派人到刘家威胁其家人将他召回，并许以高官厚禄，后来公然提出要派刘长春作为伪“满洲国”运动员参加奥运会，伪满报纸也刊出这一“消息”，立即引起国人的震惊和愤慨，各界人士纷纷要求国民政府立即表态派刘长春等代表中国前往美国参赛。但南京方面却以无经费和准备不足为由，声称只派体协总干事沈嗣良作为观察员出席。

面对这种情况，张伯苓、王正廷、沈嗣良等主动承揽困难，考虑由中华全国体协筹款资送刘长春等赴美与会。当时一体育期刊就此报道：“自伪（满）国拟派我国刘长春、于希渭二人出席世界运动会之消息传出后，颇引起华北运动界之注意，遂有我国选派于、刘二人出席，以压制伪国野心之说。此事华北方面，空气甚浓，前东北大学体育主任郝更生并曾与中华全国体育协进会会长张伯苓博士一度商量，拟在华北筹款派送刘、于二人赴美。”

日本方面于是紧锣密鼓，抢先替伪“满洲国”向奥运会主办方申报了刘长春等代表伪满与会的名单。奥运会主办方竟复电答应了他们的要求，还告知速交伪“满洲国”国旗与国徽。这是日本妄图使伪“满洲国”合法化、国际化的严重步骤。沈嗣良针对这一严重事态，于6月13日急电张伯苓请示，并于次日对驻上海有关记者发表谈话：“体协会如经济充裕，决派刘长春出席大会。”

张伯苓接沈电报，立即致函王正廷，王正廷很快与张伯苓达成一致意见，于是“张王两君商得前东北大学体育主任郝更生之奔忙周旋，并在津平募得相当经费，遣送刘长春、于希渭二人代表赴会，藉以钳制日人口吻”。郝更生是个很有活动能力的人，即按张伯苓等人意思“奔忙周旋”。据刘长春回忆，郝更生凭着与校长张学良的频繁接触和张学良对体育的热心，使张学良开始关注此事。

参加第十届奥运会之前王正廷为刘长春授旗

当时这件事还反映到蒋介石那里，有人曾向蒋介石说项，希望蒋出面支持刘长春、于希渭代表中国赴会，但蒋介石不仅不支持，反倒大光其火。张学良听后不以为然地说：“出国参加比赛，这是件好事，怎么能因为总司令不支持就做不成了呢？”并坚定地表示：“政府不支持我支持，这一回，我就是要在太岁头上动动土，看谁能把我怎么样！”

张学良把刘长春请到官邸，对他说：“长春，你的短跑成绩很突出，为东北大学争了光。我这做东大校长的，也为有你这样的学生高兴！特别是今天，我们的家乡被日本人侵占，国难当头，更需要有你这样的有志青年，到奥运会去为国争光。”张学良握着刘长春的手又说：“你这次出国有困难，我支持你。”事后，张学良慷慨捐助 8000 银元用作刘长春出国的费用。

1932 年 7 月 1 日，一个应该载入中国体育史册的日子。在东北大学体育系毕业典礼上，张学良亲自宣布刘长春和于希渭（原为冯庸大学学生，擅长 800 米中跑）为运动员，宋君复为教练员兼翻译，代表中国出席第十届奥运会。随后，张学良令郝更生速与有关方面联系。

郝更生立即会商各方，先致电外交部寻求解决办法，又与全国体育协进会张伯苓、王正廷磋商，由张伯苓急电国际奥委会，为刘长春、于希渭报名。

一切要事终于几日内办妥。时在大连的于希渭因受日本特务阻挠监视，未能成行。最后，中国代表队由驻旧金山黄总领事、沈嗣良、刘长春、宋君复、刘雪松组成前往美国。代表队行前，张伯苓为第十届奥运会题词：“智力竞新，强国之鉴”。

在中华全国体育协进会张伯苓、王正廷等和张学良的共同努力下，刘长春手持中国国旗昂首出现在洛杉矶奥运会的赛场上，终于挫败了日本及伪“满州国”借奥运会分裂中国的图谋。

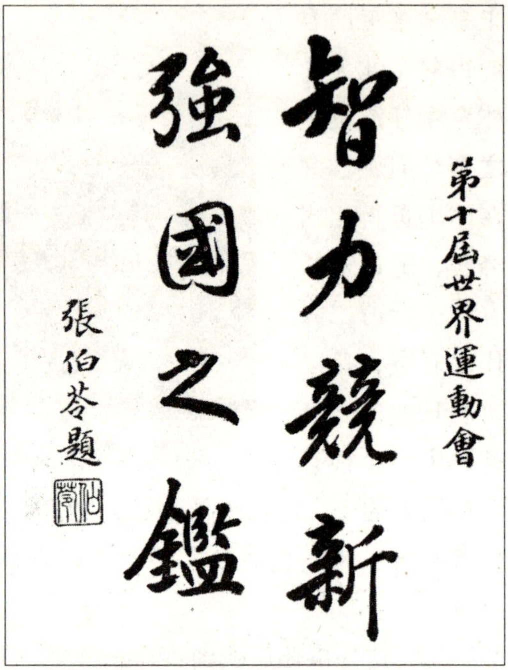

张伯苓为沈嗣良编著的《第十届世界运动会》的题词

18. 横眉怒对伪“满洲国”

1931 年日本侵略者发动“九一八事变”，武装占领了中国东北，随后他们一手导演成立伪“满洲国”。这不仅造成了中国政治版图的新变化，也使体育方面分裂与反分裂国家的斗争日益激化。抗日救亡成为伴随体育运动不可阻挡的爱国潮流。张伯苓作为中国体育界的领袖人物之一，高举爱国旗帜，坚定地反对日本侵略中国，坚持民族大义，反对日本及其傀儡伪“满洲国”以体育分裂中国的种种图谋，浩然正气，威武不屈，不愧是体育战线的民族英雄。

20 世纪 30 年代的张伯苓在天津南开中学办公楼前

日本和伪“满洲国”在 1932 年第十届奥运会与会问题的较量中失败后，仍不死心，两年之后，又借远东运动会搞起卑鄙伎俩，妄图与中华全国体协再做针锋相对的较量。当时，由中国、日本、菲律宾发起的远东运动会已经举行了九届，1934 年 5 月轮到在菲律宾的马尼拉举行第十届远东运动会。

1934 年 3 月 13 日，日本体协的山本来到上海，公开向中华全国体协提出允许伪“满洲国”代表参加这届运动会，遭到王正廷严词拒绝，断然回复山本：这一问题根本没有考虑余地。碰了一鼻子灰的山本当即离沪前往菲律宾，对菲律宾体协施加压力。伪“满洲国”体协代表也

中华全国体育协进会成立时，与张伯苓一起当选为名誉会长的王正廷

于3月17日赶到马尼拉。

菲律宾面临压力，决定通知中国和日本，在上海召开中、日、菲常务会议（圆桌会议）。中华全国体协总干事沈嗣良复电菲律宾体协："上海圆桌会议，我国并不反对，但不得讨论伪组织之参加远东运动会问题。"王正廷在北平答记者问也说："伪组织参加问题，如我不予承认，决难成为事实，倘日强其参加，我决退出，以示抵抗。"

在中华全国体协王正廷、沈嗣良相继表明立场的情况下，新闻界十分关注中国体育界的领袖人物张伯苓的态度。4月3日，张伯苓就伪"满洲国"妄图挤进远东运动会一事向记者发表谈话：

远东运动会不问讨论何项问题，须经过全体通过，方为有效，有一会员国不同意，即作否决。向来议决事体是从全体不是从多数。这次日本提出伪国（指伪"满洲国"）参加问题，菲律宾方面答复很有意思，他说要参加时节，可问中国去，暗里已表示此一问题，根据会章，须得全体通过。日本来问我国，我们已经拒绝。后来日本提议开圆桌会议，我们表示开圆桌会议，原则上不反对，惟只能讨论大会章程及运动进行事件，中国当然出席，若为谈伪国参加问题，则中国不需要出席此会。现在此事最感困难的是菲律宾。在这圆桌会议开成时，态度实在难拿。假使此次大会，在日本举行，或在我国举行都不成为问题。在日本举行，日本可以强拉伪国加入，我国可拒绝出席；在我国举行则一口回绝不许伪国加入。

这次谈话之后，张伯苓即赴上海会晤王正廷、沈嗣良、马约翰等人。4月9日上午，中、日、菲三国圆桌会议在上海沪西的中国足球场办公处召开。中国代表为曹云祥、沈嗣良。会议由菲律宾代表主持。日本代表山本又抛出伪"满洲国"参加远东运动会的议案，中国代表本着一贯的立场严词驳斥，使日本方面的图谋未能得逞。

1934年5月12日，第十届远东运动会在菲律宾首都马尼拉的利柴尔运动场举行，伪"满洲国"代表只能望会兴叹，大失所望。5月19日，第十届远东运动会执行委员会召开第一次会议，日本方面仍不死心，企图破坏三国当初的协议，修改远东体育协会会章，塞进"非会员国亦可由主办国邀请加入竞赛"的条款，以为日后接纳伪"满洲国"提供法理依据。中国代表识破了这一图谋，再次提出抗议，严加拒绝，并愤然退出会场。

1929年时的张学良

由于日本体协的一再无理纠缠，远东运动会难以为继，终于在政治暴力搅局之中寿终正寝。张伯苓及中华全国体协同人在远东运动会问题上与日本及伪"满洲国"的斗争，捍卫了《奥林匹克宪章》的宗旨，维护了国家尊严，在中国体育史上写下了不朽的篇章。

19.第十一届奥运会

1936年8月，第十一届奥运会在德国柏林举行。国民党政府于1935年即令中华全国体协选拔和训练运动员。从3月到6月，张伯苓一直忙着与奥委会联系、洽商有关参赛事宜，忙着在全国各地组织各种各样的选拔比赛活动，尤其是与董守义一起选拔参加奥运会的篮球运动员。

1935年8月开始，中华全国体育协进会着手进行选拔运动员的工作。足球、篮球运动员由华东、华北、华南三区推选，选定人员后于1936年1月25日至27日在上海举行总决赛，以确定最终赴德运动员名单。

1935年12月11日下午，华北区足篮球预选第一次筹备委员会，在天津东马路利生工厂会客室举行。中华全国体协会长张伯苓及天津体协委员章辑五、田秩曾、齐守愚、傅镜如等出席会议。会议议定了华北区足篮球选拔办法，确定1936年1月3日至11日，各单位到河北体育场报名，预选日期为该年1月18日至20日，所有选拔比赛一律在河北体育场举行。报名球队以省市为单位，每单位每种球类只限报一个队，报名人数不足一队者也可参加两队比赛。比赛规则均按第六届全国运动会竞赛规则执行。选拔球员以个人精神、技术为标准。

1936年1月5日下午，天津运动员选拔工作在河北体育场先期举行，参赛运动员共计34人。足球运动员单独表演了带球、过人、长传、铲断、射门等基本技术动作，由于动作简单，30分钟即告完成。篮球运动员则分两组进行了表演赛。因为同年举行的第六届全国运动会已经是对运动员的最好考察，评审委员对有条件入选的运动员早已心中有数，前往采访的记者纷纷报道这次选拔活动“只是无若何精彩的个人表演”。篮球正取：徐兆熊、李允武、王鸿宾、刘宝成、王世富、沈聿恭、韩玉富、李绍唐、王有才、尹涣文等10人；备取：张奎元、郭金铭、王文海等3人。足球正取：张亦诚、姜璐、孙雅庭、刘世藩、孙福来、金阿督、王宝书、陈而德、孙思敬、赵启春、李清玉、孙永泉、梁铭宗、张德明等14人。

同年1月18至20日，“华北区世运（即奥运会）足篮球预选会”在河北体育场连续举行三天。董守义、齐守愚等确定了篮球运动员入选名单，除1月5日选定的天津籍13人外，另有北平的牟作云、刘学琦、杨道崇、李允中、李宝善、李国堂、李鹤鼎、刘云章、张连魁、于敬孝等10人入选。足球选拔委员会也依据第六届全国运动会的比赛成绩和后来举行的十多场比赛中队员的表现，确定了30名足球运动员预选队员名单。1936年4月初，这30名预选队员赴香港正式参加选拔，最后选出了22名正式队员，组成了中国足球队。

篮球运动员经与华东、华南方面共同推选，前锋王鸿斌、沈恭、徐兆熊，中锋刘宝成和后卫李绍唐等5名天津篮球选手被列入奥运会参赛名单。篮球运动员代表队名单为：牟作云、王南珍、王玉增、沈幸恭、刘宝成、冯念华、李绍唐、王鸿斌、刘云章、蔡演雄、徐兆熊、尹贵仁、王士选、于敬孝等14人。有人对入选篮球运动员名单存有异议，并表示要重新选拔。为此，张伯苓在4月24日接受《益世报》采访时表态说：“篮球队员之参加事项，虽有一部分人提议重新选拔，但已早经选定，已决定绝无变更……所有未了问题，并宜在途中详如研商。”这支男子篮球队，在第一循环的比赛中战胜了法国队，成为中国奥运史上的一个亮点。

此后，为训练中国球员与外国球员的对抗能力，张伯苓特意请来曾在新学书院任教、兼任南开学校体育教员的奥运会400米冠军埃里克·亨利·利迪

1936年9月，参加第十一届奥运会的中国运动员正在加紧训练

尔（中文名李爱锐），在河北体育场指导中国足球队员。李爱锐虽为中长跑运动员，但对足球也颇有研究，他请来20余名在津外国人，与中国球员举行了数场对抗赛。

5月27日下午，在河北省体育场举行了“世运田径训练班与天津万国选手表演”，这次活动汇集了包括部分中国奥运选手在内的中外68名运动员，吸引了2000多名观众观看。此次热身赛还刷新了几项全国纪录和远东运动会纪录。第二天，这批运动员即赶赴上海集合，参加在那里举行的复选。

1936年8月，第十一届奥运会在德国柏林举行。作为中华全国体育协进会的最高负责人，张伯苓自然被列入了赴德国的名单。但事实上，他没有成行。这里有一段不同寻常的南开校史：

北洋水师出身的张伯苓，以其深邃的全局观，对于抗日战局有着清醒而富有远见的预测。1935年11月，为谋教育工作不因时局变化而中断，张伯苓赴四川考察教育。他在长江江轮上，望着波涛翻滚的激流，想着国难当头，筹谋自己钟爱并为之献身的教育事业，心潮澎湃，诗兴涌动，写下言志之作：

大江东去我西来，北地愁云何日开？
盼到蜀中寻乐土，为酬素志育英才。

参加第十一届奥运会的中国运动员
正在观看比赛秩序册

考察的结果，张伯苓决定在重庆兴办一所中学，以备一旦日本侵略者将战火燃及平津之时，用以延续南开中学的教育生命。1936年3月，张伯苓委派得力助手喻传鉴和严修之孙严伯符等人到重庆选址筹建新校。当年8月，新学校在重庆沙坪坝建成开学，取名南渝中学，意为南开（南）在重庆(渝）开办的学校，张伯苓任校长，喻传鉴任教务主任，韩叔信负责教学事务。

1936年4月24日，张伯苓接受《大公报》记者采访时道出了原因：原本中国代表团公推他领队赴德，但因他已在重庆沙坪坝选址兴建南渝中学，8月底第一期工程完竣，9月10日他将出席南渝中学的开学典礼。因奥运会日程恰与这一时间发生冲突，所以，他不得不被迫放弃参加奥运会的机会了。

张伯苓虽然不能领队赴德亲临赛场，但他仍对代表团提出了殷切的期望和建议。他说："此次参加世运应认真目标，非仅为竞赛，而在认识运动之真意义。所有未了问题，并宜在途中详加研商。回国之后，关于体育之师资问题，尤当特别注意。"

可以说，这一次是张伯苓参加奥运会的最好时机，但在日本侵略华北，危机迫在眉睫，体育与教育发生冲突时，作为一个致力于教育救国的爱国教育家，在他呕心沥血兴建的南渝中学建成之际，他还是毫不犹豫地以育才救国为重，第二次错过了参加奥运会的良机。

后来事态的演变证明了张伯苓的预测：1937年7月"七七事变"爆发，日本侵略者的铁蹄践踏到中国华北大地。7月29日、30日，日本军队在已经占领天津的情况下，仍然野蛮地轰炸了被他们视为眼中钉的南开大学、南开中学、南开女中，使张伯苓多年奋斗的成果毁于一旦。

第十一届奥运会上，中国运动员唯一进入复赛的撑竿跳高运动员符保卢

7 月 30 日，正在南京的张伯苓发表谈话，表示："敌人此次轰炸南开，被毁者为南开之物质，而南开之精神，将因此挫折而愈益奋励。故本人对于此次南开物质上所受之损失，决不挂怀，当本创校一贯精神，而重为南开树立一新生命。"

1938 年 12 月，根据南开校友会的建议，南渝中学改名为重庆南开中学，延续了南开中学的教育生命；南开大学则与北京大学、清华大学内迁昆明，组成著名的国立西南联合大学，书写了中国教育史上的一段精彩华章。

20. 名垂史册的华北运动会

华北地区是旧中国开展近代体育较早，范围较广，运动水平较高的地区，而华北运动会又是北方体育的最大赛事。

这项赛事的由来是，1910 年（清宣统二年），北京基督教青年会联合清华学校、协和书院和燕京大学共同组织地区体育联合会。1912 年在北京召开一次小规模的运动会后，又联合北京高师和汇文书院创立了“北京体育竞进会”。同年，北京基督教青年会、清华学校体育部主任舒美甘博士和南开学校校长张伯苓等教育界的体育倡导者开始筹备华北运动会。

1913 年 5 月，在北京天坛成功地举办了首届华北运动会，共有北京、天津、山西的 27 所学校参与 14 个大项的角逐。1914 年，在北京天坛举行了第二届华北运动会，无论是参赛人数，还是比赛项目都大大地超过了第一届。于是，由每个参赛单位派一名代表，成立了华北体育联合会，其主要任务是倡办各种竞赛，并促进该会会区的地方体育联合会的建立和发展。大会通过了会章，推选张伯苓、美国人舒美甘等为执委，负责制定华北竞赛运动标准，掌管该会休会期间的一切事务性工作。创办初期，“办理该会者，多为青年会及西人，国人除少数热心者外，教育当局既不注及此，而一般社会尤其为漠视”。

华北体育联合会初名为“华北联合运动会”，1929 年改称“华北体育联合会”。当时华北体联没有固定会址，秘书保管文件、会议召集等都是临时通知。经费来源主要是会费、门票及社会募捐。从第五届运动会一直担任第一执委的张伯苓，带领该会成员克服种种困难，使华北体育得到长足的进步和发展。至 30 年代由学校扩及社会，包括了察哈尔、青岛、北平、陕西、山西、辽宁、吉林、黑龙江、热河、绥远、河南、河北等省区，使这项赛会虽名为华北运动会，实则已发展为华北、西北、东北参加的“三北”运动会。

从 1913 年至 1934 年，华北体育联合会共举办了十八届华北运动会。由

张伯苓、王正廷在第十七届
华北运动会上先后致辞

于受到奥运会的影响，该运动会逐渐仿照奥运会的项目和竞赛方法进行比赛，因而许多运动项目比较接近于当时的国际比赛项目，比赛成绩在全国名列前茅。因多届华北运动会与远东运动会在同年举行，而月份往往在远东运动会之前，所以，华北运动会又兼有为远东运动会选拔参赛运动员的任务。

华北运动会开始连续在京津两地举办了五届。1916 年 5 月 19 日，第四届华北运动会在北京汇文学校运动场举行，27 个学校参加，运动员 199 人。张伯苓在华北体育联合会上发表《中国急宜讲求体育》的演说。在这届运动会上，南开学校以较大的优势取得团体总分第一名，并获得七个单项冠军。周恩来报道南开在这次运动会上的胜利，称为“华北大捷”。1918 年后，华北运动会逐渐向外发展，由北方各省市区轮流举行，分别在北京、天津、青岛、济南、沈阳、太原、保定、开封等地组织举办。

在十八届华北运动会中，南开学校承办了三届，第三、五、十届运动会均在南开学校大操场举行，南开学校曾在第四、五、十届赛会上取得过三次冠军。1917 年 4 月 20 日，第五届华北运动会在南开学校大操场举行，结果南开学校蝉联冠军。24 日晚 8 时，在天津基督教青年会，张伯苓主持了颁奖仪式，南开学校军乐团奏乐助兴，成一时之盛。运动会主席张伯苓在演讲中强调了举办华北运动会的宗旨和发展中国体育的目的。曾任国务总理的熊希龄为优胜队颁发了奖品。南开学校夺得两只银杯和两面锦旗。

运动会期间，来自北京、山东、黑龙江、辽宁等省 30 多所学校的运动员大多住在南开学校思敏室和自励学会会所，海内时俊集聚一堂，堪称中国体育史上的一段佳话。在校长张伯苓的安排下，各省运动员分别由该省南开同学竭诚欢迎，热情招待，举行多个联欢会。不辞辛劳的张伯苓参加了辽宁籍的欢迎会，简短演讲后，与运动员们一起做了游戏。南开著名运动员郭毓彬、王文达、施奎龄等还对外省运动员耐心指导。

1931年的第十五届华北运动会，改由学校产生运动员的办法。由于以省、市、区最高教育行政机关各派代表3人选拔，促进了各地参加运动会的积极性，使参加该届运动会的单位增为北平、天津、青岛3市，河北、河南、山西、陕西、甘肃、辽宁、吉林、黑龙江、热河、察哈尔、绥远、宁夏、新疆13省和哈尔滨、威海卫2个区共18个单位。新的办法实施后，华北区各省、市都积极申请主办运动会，并修建较为完善的、永久性的运动场。可以说这是我国近代体育史上具有远见的一项措施。

长期担任华北体育联合会第一执委的张伯苓，曾为第四、五、十、十三届运动会的会长，第十二届、十四届、十五届、十六届、十七届和十八届运动会的总裁判长。以其对华北地区体育事业的突出贡献，赢得了全国体育界同仁的尊敬，确立了北方体育领袖的地位。

1933年7月的第十七届华北运动会在青岛举行，大会特请张伯苓担任总裁判。7月11日晚，刚刚到达青岛的张伯苓，即在青岛市长、运动会会长沈鸿烈特设的宴会上，诙谐幽默地谈起裁判问题。他说：“我当总裁判亦有十余次，最怕会场中因裁判不公致起争执，叫我左右为难，说谁的不是都不好。此次希望大家不要叫我作难。”

说到这儿，他饶有兴趣地讲了一个笑话：“前几次运动会，各领队常因运动员之名次引起争执。一次，两名领队找到我，甲领队说甲之运动员第一，乙领队说乙之运动员第一，唇枪舌剑，各不相让。其实他们各有所偏，甲乙领队只全神贯注于自己之运动员，故虽有其他运动员已越过界线，竟毫无觉察，迨自己之运动员越过界限才引起注意，遂误认为自己队员第一。经过调查，我才知道他们都错了，原来冠军是另外一个队的运动员！”话音未落，引得大家哄堂大笑。

这次华北运动会期间，张伯苓在青岛还留下一段逸闻。此前由于共同重视学校教育，张伯苓与沈鸿烈私交甚笃。沈鸿烈接任青岛市市长之后，曾多次到天津虚心聆听张伯苓的教诲，并在张伯苓的推荐下，聘请南开中学教务主任雷法章担任青岛市教育局局长。张伯苓曾评价：“当今之世，像沈鸿烈

第十八届华北运动会的入场门

这样为国为民的市长，能有几人？”岂知，这样一位为国为民的市长，在华北运动会之前因为某个事件已经提出辞呈。消息传出，青岛市民反应强烈，各界推选代表赴市府请愿，恳请他打消辞意，而沈鸿烈辞意坚决。

华北运动会结束的第二天，青岛记者公会宴请各埠记者，特请沈鸿烈、张伯苓作陪。席间，众人请张伯苓做个证明，挽留沈鸿烈实为青岛的民意。张伯苓起身说：“昨天，我正在大会主席台上，忽然间来了二十余人，我以为又因裁判不公起了争执。仔细一看，都是些长袍先生，我才放了心。待众人说明来意，才知是青岛人民请我代为挽留沈市长。我说，我此次是来裁判各项比赛的，这事我可裁判不了。大家环请不已，我才答应必力加挽留，并向各方证明青岛民意。”

语罢又是一片欢笑。这时，一个叫李江秋的济南记者提出请沈鸿烈当面向大家声明打消辞意。沈鸿烈笑而不语。张伯苓起身解围道：“不管他打消不打消辞意，只要我们意旨坚决，誓非达到挽留之目的不止，那时还看他辞不辞！”引得一片掌声。据说，行前张伯苓与沈鸿烈进行了一次长谈，使他打消了离开青岛的想法，后来一直任职到 1935 年。可见，张伯苓不只是执法体育比赛，还以他的人格与威望，担当了政界的裁判员。

21. 行使中国的体育主权

第十届华北运动会，原定在河南开封举行，后因军阀混战而被迫停办。1923年5月，运动会移师天津。

时任华北体育联合会会长的张伯苓借东道主之利，做出一个决定：本届运动会从筹备到举行，一律谢绝外籍人士参与，完全由中国人自办；从裁判到一般工作人员，均由中国人承担；所有比赛规则均由中国人制定；所有比赛术语不得使用英语，一律采用国语；由中国人自己重新修订华北运动会章程。

这个决定一经宣布，引起中国体育界的一片叫好声，大长了中国人民的志气。有人说，张伯苓顺应民意，收回了中国的体育主权，结束了长期以来外国人垄断中国体育的历史，具有划时代的意义。为什么张伯苓一纸关于办运动会的决定竟然引起这么大的反响？

这要从近代中国体育的发展背景说起了。众所周知，19世纪末、20世纪初，西方体育开始传入中国，逐渐取代了传统体育活动，成为体育运动的主流，使近代中国体育得到了迅速发展。而在这个过程中，基督教青年会和一些教会学校的体育团体起了主要的推动作用。

1844年（清道光二十四年），基督教青年会创建于英国，后盛行于美国，从属于北美协会。青年会进入美国后，教会活动增添了“德、智、体、群四育”和“为社会服务”的内容。19世纪70年代，青年会传入中国后，推广体育活动成了它的一项重要工作，而体育工作首先是从青年会内部的体育设施开始的，逐渐扩展到在校青年，然后再向社会青年广泛传播。

1895年初，北美协会派来会理（D.Williard Lyon）到中国，负责筹建基督教青年会工作。他选择了当时中国北方洋务运动的中心和洋务教育兴盛的天津。同年12月8日，创建了天津基督教青年会，这是中国出现的第一个城市青年会。会内设有体育部，并有一些体育专业人员来华，负责青年会体育工

担任华北体育联合会会长时的张伯苓

作，其中包括著名的体育运动家格林、饶伯森等人。

此后，全国各大城市陆续建立基督教青年会组织，北京、济南、沈阳等地青年会均设有体育训练班，定期集中培训体育工作者。包括张伯苓、王正廷、董守义等都是青年会培养出来的佼佼者。青年会还参与制定学校体育教学大纲，建立体育组织，制定竞赛与运动员训练规程和建设体育场馆，甚至参与中国体育法的制定和体育组织机构的设置。

1900 年前后，一些教会学校开始组织体育团体，这便是介绍西洋体育到中国的开端。不可否认，他们对近代中国体育发展做出了一定的贡献。正如宋如海在《青年会于体育之贡献》一文中所说："青年会和教会学校为介绍现代运动到中国，立下了一个基础；在发展体育的工作上，要让它们占第一把交椅。"

这也就造成近代中国早期的体育运动，一直受基督教青年会和教会学校控制；近代中国各大城市的校际运动会、华北运动会、全国运动会、远东运动会乃至中国加入国际奥林匹克委员会等，都在外国人组织和参与下进行，甚至就是他们直接主办的；从中国最高体育领导机构，到运动会的裁判员、教练员，多由外国人扮演主角。

以华北运动会为例，即是 1912 年由北京基督教青年会、清华学校体育部主任舒美甘博士和南开学校校长张伯苓等体育倡导者开始筹备的。因而，第九届以前的历届华北运动会自然都是在青年会和外国人控制下进行的，甚至连赛场上的体育术语都一律使用英语。由此，进入 20 世纪 20 年代后，全国体育界及国人反对外国人操纵中国体育、要求自主举办运动会的呼声日益高涨。

就在这此起彼伏的声浪中，迎来了 1923 年 5 月的第十届华北运动会。一向以爱国强国为己任的张伯苓，与国人要求自主举办运动会的愿望有着一种天然的共鸣。他审时度势，觉得由中国人自主举办运动会的历史时机成熟了，毅然做出了本节开头所说的大胆的决定。

1932年10月10日，第十六届华北运动会在河南开封举行

1923年5月3日上午9时，第十届华北运动会在南开大学大操场举行了盛大的开幕仪式。直、鲁、豫、晋、奉、吉等省的62所学校的460名运动员参加比赛。张伯苓、杜连科等做简短发言后，伴着河北省署乐队嘹亮而高亢的乐曲，运动员、教练员迈着矫健的步伐，穿过操场前临时搭起的一座彩色牌楼，绕场一周，步入会场，台上数万名观众报以热烈掌声。南开童子军负责维持会场秩序、发售门票、传递信息、救护受伤运动员等项工作。

最令人瞩目的是大会工作人员，因为这届赛会是国人自主举办的第一次，为了让大会有焕然一新的面貌，华北体育联合会特意为工作人员定制了整齐划一的制服。工作人员穿着崭新的制服，脸上都荡漾着自豪的微笑，大有扬眉吐气之感，昔日那种听凭外国人颐指气使的现象再也不见了。到会观众达数万人，以致事先准备的门票不敷应用，会长杜连科又将次日的门票取出亲自发放了数百张。值得一提的还有，此次运动会所需经费除参与运动各省缴纳的会费外，大多是张伯苓凭借个人威望，向社会和实业家募集的善款。

5月4日下午，本届运动会圆满落下帷幕。比赛分为普通组和中学组，南开大学夺得普通组团体总分第一名，北京高师的张焕龙、南开中学的逯明、新学旧生会的朱宝章夺得个人前三甲。由于同年5月远东运动会将于日本大阪举行，所以这届运动会又兼有为远东运动会选拔运动员的任务。同年5月9日，全国运动会在上海圣约翰大学举行，华北运动会结束后杜连科又马

1933年7月12日，第十七届华北运动会在青岛举行，图为开幕式时全体运动员绕场一周

不停蹄地带领7名篮球队、13名田径运动员乘津浦线火车南下。

张伯苓这次对华北运动会里程碑式的贡献，维护了祖国尊严，在体育界产生了积极影响。从此，基督教青年会垄断中国体育运动的状况发生了明显变化。随后，第四届全国运动会在杭州举行时，由浙江省政府承办；第五届全国运动会在南京举行时，由国民政府主办。为此，《大公报》写道："自是而后，华北体育界乃大放曙光，纯为独立国家之体育机关矣。各国对我之批评，亦因是而渐佳，中国之体育人才，亦因是而渐众。"

22.振奋国人志气的爱国绝唱

1933年7月，在青岛市举行第十七届华北运动会期间，张伯苓主持召开了华北体育联合会执行委员会全体会议，讨论通过了第十八届华北运动会筹委会简章，并且在他的积极争取下，经执委会讨论，决定第十八届华北运动会在河北省属天津市举行。

因当时天津尚没有一个大型体育场，河北省政府遂拨款20万元，以做筹建运动会场之用。在河北省教育厅长的主持下，由张伯苓、董守义、章辑五等176人组成了第十八届华北运动会筹备委员会，张伯苓等51人为常务委员，袁敦礼为总干事，赵文藻、章辑五为副总干事，会址设在河北省教育厅。在张伯苓等人的多方奔走、积极筹措下，筹备委员会又得到天津市政府26万元的拨款，连同河北省政府的20万元，共计46万元。其中36万元用于兴建体育场，10万元用于招待各地运动员和大会职员。

1934年10月初，河北体育场如期完工。该体育场位于天津北宁公园以东，占地300余亩，呈马蹄形，中间是椭圆形的田径赛场，南北290米，东西130米，外环为周长500米的跑道，以钢筋水泥制成的25层台阶坡形看台，可容纳3万余名观众。在赛场东部和西北部分设了1个足球场、1个棒球场、4个篮球场、4个排球场和6个网球场，各区域均设休息室和浴室。场内还配有无线电播音和电报装置。该体育场规模之宏大、设备之先进，当年在国内及至亚洲可谓首屈一指。河北省政府主席于学忠为此撰写了体育场记。

此届运动会，由于学忠任会长，张伯苓、陈宝泉等任副会长，张伯苓同时兼任总裁判长。10月10日上午8时，天津河北体育场落成典礼和第十八届华北运动会开幕式同时开始。时任行政院秘书长褚民谊，天津市长王韬，青岛市长、华北运动会名誉会长沈鸿烈，中华全国体育协进会会长、华北运动会竞赛委员会主席王正廷，中华全国体育协进会总干事沈嗣良，察哈尔省民政厅长秦德纯，河北省教育厅长周炳琳，大会总干事袁敦礼以及军政要人、天津士绅二百余人出席开幕式。英、美、意、日、德等国驻天津领事应邀到会。会长于学忠、副会长兼总裁判长张伯苓均做了热情洋溢的演讲。

运动会分设男子高级、男子初级、女子三个组。男子高级组设田赛、径赛、全能、足球、篮球、排球、网球、棒球 8 项；男子中级组设田赛、径赛、足球、篮球、排球、网球 6 项；女子组设田径、篮球、排球、网球、垒球 5 项，共计 19 个比赛项目。除此之外，运动会增设了单拳、对拳、摔跤等 16 项国术表演，也为大会增色添彩。比赛期间，对垒球一向情有独钟的张伯苓，亲临观看了北平队与河北队的垒球比赛，他还指导和鼓励河北队员：“一定要打好比赛。”

经过 5 天的激烈角逐，北平队获团体冠军，河北队获得亚军，大会为奖励纪律严明、仪容整齐的队伍而特设的精神锦标，也被河北队夺得。此次大会成绩斐然，运动员赛出了风格，赛出了水平，多人打破华北、全国纪录，其中时绍文、张平堂、李士明等 15 人分别打破 110 米栏、200 米栏、800 米中长跑等 15 项华北纪录，焦玉莲、白春育、谭福祯、吴必显等 4 人分别打破了 100 米、铅球、400 米栏、跳高等 4 项的全国纪录。

称这届运动会在中国体育史上意义重大，不仅因为它的盛况空前，广集了包括东三省在内的北方十四个省、市的千余名体育健儿，运动员还屡创佳绩，而且还因它昭示了中国人民不可侵犯的尊严，激发了两千万民众的爱国热情，唤起了国人抗战救国的斗志，表达了中华民族不屈不挠的斗争精神。

开幕式上，伴随着雄壮的乐曲，千余名体育健儿迈着矫健的步伐步入会场，运动员向台上近三万名观众频频挥手，台上观众则报以热烈的掌声。这时，由九百名南开学生组成的南开拉拉队开始了充满激情的生动表演。只听哨笛一响，几百人用黑白两色手旗打出“毋忘国耻”四个大字，会场上三万多观众的目光一齐投向主席台对面看台上的南开拉拉队，一齐投向这四个黑色大字。刹那间，狂风暴雨般的掌声突然从会场上响起，掌声未断，哨子一响，“毋忘国耻”换成了“收复失地”四个大字。

随着旗字的变换，拉拉队发出铿锵有力的呼喊：“华北会，十八届，锻

严仁颖带领的南开拉拉队在第十八届华北运动会上
排出的"毋忘国耻"四个大字

炼好身体，休把别人赖，收复失地在关外"；"十八届，华北会，大刀带长枪，熊腰又虎背，敌人见我往后退，敌人见我往后退!"东北运动员通过主席台了，拉拉队一齐高呼："练习勤，功夫真，东北选手全有根；功夫深，资格深，收复失地靠咱们"；察哈尔省运动员走过来了，拉拉队冲着运动员高呼："察哈尔，有长城，城里城外学英雄，要守长城一万里，全凭你们众英雄!"会场上的观众和运动员被一次次的组字所震撼，被拉拉队激越昂愤的呼喊所感动，整个会场的情绪被推向了高潮。

南开拉拉队还变换表演方式，在呼喊口号的间隙用天津方言唱出大合唱，他们唱道："十月十日天气寒哪，河北省的哥们儿玩得欢哪，天冷不怕心里暖哪，喘着气、出着汗、光着膀子拼命干哪，嗯哪呼嘿！河北省的哥们儿黄金也不换哪，哪呼嘿!"更有鼓动性的是："十八届华北运动会，开在河北天津卫。众英豪精神焕发，时时不忘山河碎，北方健儿齐努力，收复失地靠自己，待等东北光复日，中华民族万万岁!"深受鼓动和感染的观众立刻群情激奋，掌声和口号声此起彼伏，响彻全场。

在这爱国热情的浪潮中，被邀参加开幕式的日本驻津最高长官梅津再也坐不住了，他向大会负责人提出"抗议"，认为这个运动会含有"挑战"的意味，要求立即停止拉拉队的"煽动"。会长于学忠见状，立即请大会总裁判长张伯苓等，到主席台下的会客厅召开了紧急会议。于学忠问张伯苓有什么看法，张伯苓义正词严地说：“中国学生在自己的国土上举行这样的爱国行动，是他们的自由，外国人无权干涉！”于学忠完全赞同张伯苓的意见，认为对“抗议”应不予理睬。当拉拉队得到继续表演的通知后，整个体育场爆发出长时间的掌声。

日本驻津最高长官梅津在中国人民的爱国声浪中狼狈退席，立刻向天津市政府交涉司提出严重“抗议”，紧接着日本驻华使馆又向南京国民政府外交部提出“抗议”。“抗议”的结果是国民政府让张伯苓约束他的学生，不要有轨外的行动。张伯苓只好应付上头的指令，把拉拉队的学生领袖们找来“训诫”，他第一句话说：“你们讨厌”；第二句话说：“你们讨厌得好”；第三句话是：“下回还那么讨厌，要更巧妙地讨厌……”

张伯苓之所以态度这样坚决，是因为他早有思想准备。就在一年前，即1933年8月，张伯苓在出席在北平召开的东北体育协进会成立会时，就曾勉励东北体育健儿奋起救亡图存，不忘收复东北失地。在本届华北运动会的筹备会上，张伯苓更是鼓舞参赛者的爱国士气，他要求大家：“各单位转告选手，严守秩序，使运动员成绩高、精神高，但奖品则更薄。人人负责，一致努力，表现十二分精神，是本人所希望的。”

至于南开拉拉队，那是由来已久的。早在20世纪20年代，南开学生就自发组织了一个拉拉队，活跃于当时各大体育比赛现场。尽管拉拉队不是一个正规的学生组织，但拉拉队的负责人、严修之孙、绰号“海怪”的严仁颖和张伯苓之四子、绰号“陆怪”张锡祜，却是学生们公认的领袖。在严仁颖、张锡祜等组织下，南开拉拉队有一手绝活，即以人排出“允公允能”、“南开精神”、“体育建国”、“运动第一”等字样，远远望去颇有气势。他们不但可以随着一声令下，一下子便排出一字，还可以一笔一画排出一个字来，为比赛现场增添了不少情趣。

严仁颖

张伯苓一向钟爱这支拉拉队，有时还亲临指导，甚至加入拉拉队的行列中，一起唱歌，一起排字，一起呼口号。拉拉队常呼的口号有：“斯，进，吧，南开，南开，南开！”和“阿拉个庆，阿拉个翘，阿拉个庆庆翘翘翘，南开、南开 Rua Rua Rua！”他们在现场的加油，振奋了运动员的精神，活跃了运动场的气氛，也在无形中把南开的“允公允能”精神，带出校园进入社会。

这次为迎接第十八届华北运动会，由南开大学、南开中学、南开女中三校共同组成一支九百人组成的大型拉拉队，承担着排字、欢迎词、助兴词、唱歌和军乐等五项大会任务。拉拉队从 9 月初开始，每天午饭后都要借南开女中礼堂排练，特邀校内外多名专家到场指导。值得一提的是，当时南开中学的男女生是分校上课的，界限严明，而这次男女生混合排练是校长张伯苓破例批准的。

排演时，一直关注着南开这支特殊队伍的张伯苓，还曾亲自前往观看和指导，鼓励拉拉队长严仁颖：“好好干，要有特色，要有时代感，要给南开争光，要给天津争光。”所以说，南开拉拉队的排字表演，张伯苓是事先知道并且认可的，他不啻为这次表演的“幕后老板”。

拉拉队的表演大获成功，次日的《大公报》、《益世报》等新闻媒体均做了专题报道，得到全市各界的一致好评。于是，在各方的强烈要求下，在运动会的最后一天，南开拉拉队又做了一次精彩的表演。大会结束后，青岛市长沈鸿烈和董守义、关颂声，以及部分运动员纷纷将个人奖和团体奖赠送给南开拉拉队。伴随着南开拉拉队蜚声全国，第十八届华北运动会也以远远超越运动会本身的意义，而成为一场宣传抗日的爱国盛会，永远地载入了近代中国体育的史册。

1934 年 10 月 14 日下午，第十八届华北运动会落下帷幕。这届赛会因南开拉拉队的爱国行动，而引起日本驻津总领事的“强烈抗议”，引起新闻界的强烈反响，引起全市、全国人民的普遍关注。闭幕式上，于学忠致过闭幕辞，大会总裁判张伯苓最后致辞，他说：

主席、各位来宾、各位选手：今天是第十八届华北运动会闭幕典礼。在开会那天，鄙人曾说开会正值国庆纪念日，我们要送一点礼物，就是建设事业。河北省财政困难，送了很大的一个礼物，就是运动场。第一个建设就是华北运动场的物质建设，第二个是全体运动员的精神建设，第三个原希望大家严守秩序，使大会得有完满的结果。本来这种精神建设，事前我不敢确定，现在居然一点问题亦没有发生，已竟达到圆满的结果。这种原因，第一样是事前各筹备员，把各种事情筹备得很周密；第二样是各职员、各裁判员全都负责任事；第三样是运动员的精神太佳，所以，一点问题亦没有发生。这次大会的结果，不只在各项运动成绩能打破华北及全国纪录，是第十八华北运动会能达到圆满的目的，我们的希望要进一步把我们的国家，亦如十八届运动会治理得这样好！

面对日本驻津最高长官穷凶极恶的“抗议”，张伯苓在讲话中却意味深长地说“居然一点问题亦没有发生，已竟达到圆满的结果。”这是对日本侵略者淫威的极大蔑视和嘲弄，显示了他刚直不阿的伟人风范和学者性格。

在第十八届华北运动会上
扬名的南开拉拉队

值得提及的是，这次华北运动会上排字的南开拉拉队的负责人之一、张伯苓最小的儿子张锡祜，在抗日战争爆发后，秉承一贯的爱国之志，毅然投笔从戎，成为中国空军飞行员。他在临战前写给张伯苓的信中说：“阵中无勇非孝也。儿虽不敏不能奉双亲以终老，然亦不敢为我中华之罪人……生死早置度外……倘有不幸虽负不孝之名，然为国而殉亦能慰双亲于万一也。”

1937年8月，中国空军轰炸

侵入中国黄浦江水域的日本“出云号”军舰。这是自中日甲午海战以来日本舰队第一次遭到中国军队的攻击。在此后的战役中，张锡祜以身殉国。张伯苓痛失爱子后说：“吾早以此子许国，今日之事，自在意中，求仁得仁，复何恸为?”他还说：“我本人出身水师，今老矣，每以不能杀敌报国为恨，而今吾儿为国捐躯，可无遗憾了。”张伯苓父子谱写的这曲现代“正气歌”，时常让闻者因感动而潸然泪下。

1934年后，在张伯苓的领导下，华北体育联合会尽管历尽艰辛，多方奔走，终因经费问题和华北地区的沦陷，该会在1937年“七七事变”后被迫解散了，华北运动会也随之停办。历时20余年的华北运动会是旧中国举办时间最长、参加范围最广、水平最高和影响最大的地区性运动会，对华北地区乃至全国体育的发展均产生了积极影响，历届运动会上创造的优秀成绩和涌现出的体坛名将，都被载入近代中国体育发展的史册。

23. 中国体育向何去

20世纪二三十年代，是张伯苓对中国体育最为关注的时期。但面对政府不投入、国人不重视的现实，他不禁自问：中国体育向何去？并为此陷入深深的思考。经过多年的体育实践，他终于认识到障碍中国体育发展的“病因”，自认寻找到救治的“良方”。于是，在30年代，他多次撰写文章、发表演讲，将自己的所见、所感、所思、所悟一吐为快，希望引起政府和国人对体育重视和关注。张伯苓的真知灼见不仅针砭时弊，切中要害，警醒世人，就是今天看来也还有一定的现实意义，对我国当代体育事业的发展不无裨益。

1930年5月24日至31日，第九届远东运动会在日本东京举行。中国队只获得排球、足球（与日本并列）两项冠军，其余项目均未能进入前三名。中国代表团总领队张伯苓想起昔日中国在跳远、跳高、短跑等田径项目上的明显优势，看看今天田径队的折戟异国，百感交集，“大受刺激”。

第十八届华北运动会闭幕式

这年6月19日，回国后的张伯苓在天津市联青社发表了演讲。他报告了中国队在这届赛会上的成绩和表现，充分肯定了日本队的进步，详细分析了日本队进步和中国队落后的原因，并提出了改变中国体育现状的标本兼治的“良方”，更有“运动须从小学起”的真知灼见。张伯苓激动地说：

此次赴日参加远东运动会所受刺激极深，诸君均知我国运动员计男女130余人，北至哈尔滨，南至广东，皆有选手，可谓代表全国。然结果大败而归，田径赛是一无所得，球类只得一排球、足球不分胜负。至失败之原因，裁判员裁判不公成分甚少，我方运动员及职员精神非不奋发，各种运动亦非不进步，不过日本进步极速，我方进步较缓，此为失败之唯一原因。日本人事事肯认真研究，肯实地去干，即如足球一类，要诀自在踢准、跑快、合作三事，日本人则用科学方法分开研究，结果进步异常神速，又曾派队至美国与强球队比赛，且不时请德法名队到其国内比赛，总期精益求精。

至我国内战运动方酣，自无暇顾及学校教育，个人又只靠天才，听其自然，不求深造，以少数与其全国多数比，焉有不败之理？故讲求运动须从小学起。此次，在南京与教育当局讨论治本、治标两种办法：治本则从小学注重体育，各学校必须有运动场，并须有好教员训导；治标则由体育协进会提倡，请各省运动员到上海与外国队比赛，以资练习。

至余此次因受刺激，常私自研究日本何以强，我国何以弱。以学校作譬喻，日本似大学毕业，而我犹以小学降级，其原故何在？按日本未维新以前，德川握有政权，天皇无力过问，人民受内忧外患之激迫，当然先将握有政权者推倒，组织新政府，对天皇负责，但天皇并无权力。由小范围做起，如一部小机器，其初亦有困难，及一战胜中国，遂将机器换大并求牢固，再战又胜俄国，遂更加坚固，最后又参加世界大战。益以四十余年之普及教育，遂成今日之真正国会内阁，为世界组织最良之国家。

反观吾国，当辛亥革命之时，适君主握有政权，因政治腐败，外患日亟，遂不得不将君主推倒，不幸又有种族观念，不能发生替代方法，只得根本推翻，改为共和政体。我国这样大，人民程度这样不齐，十余年来，总走不通。前年，国民党北伐成功，统一全国，前途极有希望，乃曾几何时，又呈分裂之局。急思不得出路，言之至可痛心！

盖国人最大毛病在于自私，缺乏合作性。所以，个人天资体格均不弱于日本，至于团体工作，则凡事不如日本。吾人应彻底觉悟，改变自己心理，灭除遗传劣性。

余于此二十余年内，前后赴日凡十三次，每次无不惊讶其进步之速！如一部大机器，昼夜转运不息，且牵引各种机器一齐动作，以致全国无旷土、无游民。吾国所缺少者，只此一部机器，所以全国陷于停顿。举凡工商业均谈不到，教育救国亦等空谈，武力统一势必演成循环战争之公例。国家如何方有出路，此实中国最大之问题也！

余感觉建筑运用政治之机器，为吾人共有之责任，不能放任亦不能坐享其成，应自行答复下列三问题：一、中国病在何处？二、治法如何？三、我应怎么样？余饱受刺激，言语未免感情用事，尚请诸君原谅。

痛定思痛，在大发感慨后，张伯苓更认识到呼吁政府重视体育，唤起国人关注体育的重要性。于是，1931 年 10 月 24 日，张伯苓在为上海《体育周刊》创刊号撰写的序言中，旧话重提，将自己对中国体育的认知和理解再度“正告”读者。他写道：

中国称“病夫”，久矣！近年国人始知推求吾族致病之源，与夫其他民族所以健全之由来，思设法而求为药治，实一绝好现象。鄙人前此赴日参与第九届远东运动会事，目睹彼族对体育进步，真是惊人。迥非吾族一蹴可能及。但有志者事竟成，故不揣冒昧，当为今后吾国体育改进，拟有治标本二法：治本即从中小学起施行强迫体育教育，养成青年体育之爱好；治标即当与本国或外国做长时间、多次之比赛，藉增经验，而免怯阵。二者并进，再益以精良训练，将来自不无成效可言。兹之体育丛书所载，皆不啻吾药笼中物，治标治本，随在可以取材者也。有功于体育前途之发达，之改进，为益甚大。故乐为之序，一为吾国关心体育者正告焉。

1932 年 2 月，天津《体育周报》创刊，张伯苓在创刊号上发表了题为《今后我国之体育》的文章，对运动的范围、标准、宗旨、宣传及观众等方面提出了五点意见。文章写道：

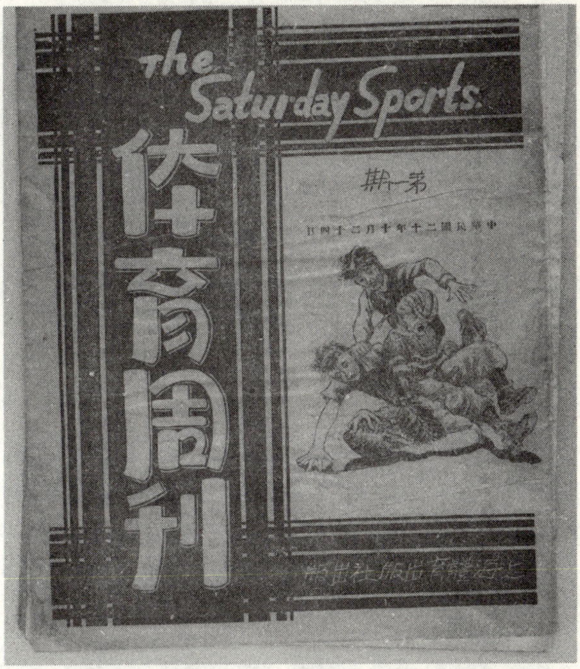

1931 年 10 月 24 日，《体育周刊》在上海创刊

时代永久向前地迈进着。恕我用句术语，世界各国又是努力着创造各种事业的新纪录。可悲的是我偌大的祖国，年年是混乱，样样是不长进。真真令人惭愧！

别的不说，只谈体育。因为它是多少和我发生过关系的。自民元到现在，中国有志之士天天呐喊着“提倡体育”、“振兴体育”、“介绍体育”，到得时局一紧张，国家一危急，连“体育救国”的口号，也高声地叫起来了，但从另外方面来看看事实的证据又是怎样呢？

好！且提今春在美举行的世界运动会来说吧，英法美德的努力不用说了，新兴的东邻国亦在报章上大宣特宣地预想着他们可以夺定几种锦标呢！中国很骄傲的，意谓足球是有把握的，可连报名却还没有资格，遑论比赛呢？

但话说回来了，体育事业办得没有成绩，并不是我国“唯一”的乏脸事体，但我们终得常常追念往事，才能成功于将来呢！所以，要谈到“今后之中国体育”，非把年来观察所及，各种认为缺憾的地

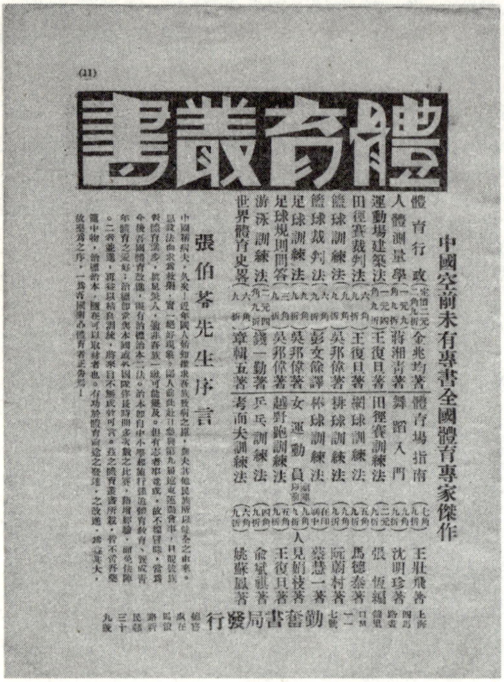

张伯苓为《体育周刊》创刊号撰写序言

方，讲出来讨论不可。

第一，我意以为运动的范围，不宜限于学校，应该推而广之，须普遍于全社会，使它有社会性才对。换句话说，即是社会的农工商各界，都要自己出些款，皆奏和人才来，组织业余团体，常比赛，多练习。

第二，我意以为运动的标准，不应该集中在“大会”的竞赛和锦标的夺得。应当视若日常生活的一种习惯，常常练习，使技术精绝出众。对身、心两方面，应当同时注重。

第三，我既把运动的标准这样严格地定了，反之，我对于它的宗旨，读者一定也可想见是极单纯而明显的，就是尽己之所能，不断地求技术的烂熟，按部就班，脚踏实地去做。对于现下青年男女，以此当作一种“虚浮”，我是绝断不赞成的。

第四，去了运动的范围、标准和宗旨，再从微细的方面考察，觉得观众的程度却实在太浅薄了：给甲方助威的观众，常常在乙方失败的时候，加以恶意的喝彩（所谓喊倒好）。加之，国内近年竟发现了许多观众殴打裁判员的事，这更是中国体育的不幸，我们应当注意和改正才好。

第五，末了，我意以为运动之振兴，虽赖人民的自动奋发，但正确的宣传是更不可少的。现在，天津几位热心体育同志倡办是刊，想对于这点，认识一定非常清楚。希望大家努力，为我国体育界放一异彩。最后，我对于各运动员，希望他们要身脑兼用，道德和技术并重，则将来中国的体育发达是非常有希望的。

1935年9月，张伯苓在《勤奋体育月刊》第二卷第12期的题为《体育与教育》文章，记述了他从事教育、体育的缘起，表明了教育离不开体育的观点，阐述了开展体育运动对发扬国人团结、互助、合作精神起到的重要作用。他写道：

今天我所说的题目是《体育与教育》。以简单为原则，以我个人经验，来申述体育原理，是好是坏，是否合理，还请诸位指教。我最初为海军学生，在北洋水师求学。当三十七八年甲午之役，中国各海口被外人侵占。此时正当予卒业赴舰实习，目睹各海口被外人侵占。德人以教士在山东被害为由强占青岛，英人亦借强借威海卫做避暑之地。是时，予年甫23岁，目击当时国内官吏之腐败，人民之无国家观念，实足伤心。反观外人体格之雄伟，回视国人之螳螂体式，更觉失望。默察中国之国土、天产，无一不及外人，所以不如人者，只有人的陶铸。所以，发志办教育。

自认教育与体育，绝对不能分离。宗旨以训练团结、合作、健全之身心为目的。37年前，予回天津从事教育，当时只教学生5人。在教室中授以跳高等运动，以期改进其体格。继之，经过二三次出洋考察，更深悉体育之重要。人民体格及合作精神关系之切要，故仍本以往主张，从事教育，以期改造国内青年。当时，有外人在国内所办之教会学校，彼等尚提倡体育。然中国之官立学校，仍对体育非常漠视。诸位，试想体育不好，如何能改进体格？如何能有好的体格？无好的体格，何以能做事？故经过数十年奋斗，达到现在的光景。顾今思前，似有进步，应感知足。然详察之，不但不敢知足，反觉应加倍努力。何者？国内体育虽见进步，然较诸其他各国进步之速，实足令人不寒而栗。我国体育之瞠乎人后，诚堪伤心，而惭愧者也。故我们不能自足，仍须继续努力，此为全民族之问题，并非足造就几个好体格的运动员而已。所以，我们应以最后的努力，使大家体格强健。此次准备明年派遣选手参加世运会，此是一种提倡体育的手段，并非目的。即如国内举办各种运动之银盾、锦标等，亦系借此为工具，用作提倡体育之手段，若以手段为目的，岂不在谬！国内各种学科，有学科讨论组织很多，体育本年度亦依照他种学科组织举行讨论会，希望大家分别担任起来提倡，使这种组织长久下去，使教育当局、各校长明了体育。

中国人最大的毛病是自私心太大。国人的智识，无团体、无国家观念。体育以灌输此种观念，以训练其团结、互助、合作之精神。例如十人拉绳，六人据绳之一端，四人据绳之另一端。如四人合作，共力拉之，其另一端之六人不能合作，则四人之一端定能取胜于六人者。故体育不教合作乃不懂体育，不能合作乃可亡国。义务教育之推进，乃当今之要途，其中包括体育，并不应与体育分开。训练受教者，不但使其识字，更当使其活动；执教者，须知几种基本活动，以训练学生身心之健全。一方采取他人之成方，另一方更当速自研究，以期有较速之进步。请君俱有责焉！

24. 扶持国产体育器材

随着西方竞技体育渐入中国，田径、球类活动如火如荼地在全国开展起来。由于技术落后，工艺粗糙，当年中国连一个小小的篮球都制作不出来，运动所需的大量体育用品和器械只得从国外进口。

为了降低体育运动成本，改变中国体育落后的状况，张伯苓怀着一颗强烈的爱国之心，毅然担负起推动中国体育器材国产化的重任，先后促成利生、春合两家体育用品厂的创立，在一定程度上解决了国内需求。张伯苓曾撰文写道："孙润生先生曾在南开中学充任教员，看着学校提倡学生体育所用的皮球等类大都属舶来品，实是一大漏卮。遂立志设厂，研究创造。结果得到良好的成绩。"

1912 年，河北献县人孙润生在通县协和书院毕业后，应张伯苓之邀来到南开学校担任音乐教员兼授英文。当时在张伯苓德、智、体并进的教育思想的指导下，南开学校的各项体育活动搞得热火朝天。一进校门，孙润生立刻被南开的体育热情所感染，他不仅喜爱体育运动，而且还对体育器材产生了深厚的兴趣。他注意到当年的球类多为外国进口货，价格昂贵，一个篮球通常要三四十块大洋。极有经济头脑的他，认准了这是一个很有发展潜力的市场，产生自己制造生产体育用品的想法。

孙润生将这一想法告诉了校长张伯苓，张伯苓非常支持他，鼓励他说："提高国人的身体素质，普及体育运动，我们中国人早就该有自己的体育用品了。你如果真能研制成功，不仅可以节省体育活动的开支，而且还能为国家争得荣耀！"当时，南开学校有大小篮球队近二十个，需要大量的篮球。于是，张伯苓建议他首先从制作篮球着手。

此后，在张伯苓给予他充裕研究时间的前提下，孙润生一面教音乐，一面潜心研究篮球的工艺技术。他把用过的旧篮球拆开，仔细琢磨内外结构和用料，测量记录各种数据，然后再依原样缝合。经过反复研究，积累

利生体育用品厂创始人孙润生

经验，孙润生又买来天津华北制革厂生产的底皮，经过削薄、铲平、裁剪、缝制等，终于制成了第一个篮球。

孙润生兴奋地把这个篮球送给张伯苓看，张伯苓也非常激动，鼓励他开办一家制球工厂。孙润生说，我是想开一个作坊，可一是没有启动资金，二是我要是想干就得辞了工作。张伯苓说，你为学校节省体育经费，为国争光，是件大好事。你就放心大胆地干吧，资金的事我来解决。你是一名好老师，如果工厂做不好，学校随时欢迎你回来！孙润生眼含热泪地说，我一定不辜负您的期望！

孙润生离校那天，张伯苓多付他一年的工资，作为开办工厂的资本。

利生体育用品厂的注册商标

1921 年，孙润生的利生制球厂开张了。据说，张伯苓还特为工厂写了一幅对联：利应社会需要，制造体育用品；生为人身健康，畅销运动器具。于是，孙润生取上下联的各第一个字“利”、“生”为厂名。这便是日后的利生体育用品厂的雏形，也是中国的第一家体育用品厂。

创业初期，利生生产的篮球虽然价格低廉，但产品质量远不如舶来品，销路一直不好。经过两年多的不懈努力，利生篮球终于打开市场，得到全国体育界的认可。20年代末，工厂扩大生产规模，更名为利生体育用品厂，成为了中国规模最大、设备最先进的体育用品生产厂。

为了提高产品质量，解决国内皮革生产不规范的问题，利生厂再度扩大生产规模，建立制革厂。1932年，孙润生聘请曾在燕京大学学习制革专业、后在南开中学任体育教员兼篮球教练的齐守愚担任制革厂厂长，后升任经理。有了齐守愚的加盟，利生厂如虎添翼。齐守愚凭借精湛的制革技艺和广泛的社会活动能力，让利生厂在激烈的竞争中独占鳌头，其产品行销全国乃至国外。30年代后，利生厂的产品除篮、足、排、羽毛球外，还增添了铁饼、标枪、双杠、木马、吊环等体育器械。30年代，利生厂曾赞助“天津青年会室内公开篮球赛”一个篮球，74支球队用这个球打了263场比赛，而“该球依然圆整如新”。

1931年，“中国篮球之父”董守义曾说：“中国国际球类比赛场中，所用球类素采用欧西各国出品，及利生工厂经多时研究，所以篮球、足球等较之欧西名厂出品无分轩轾。在天津万国篮球比赛及华北球类比赛中，以该厂出品几经考验，认合标准，即正式采用该厂之球作为比赛之用。在中国球类由西人认为合格采用者，利生工厂实开最先记录也。”

20年代初，张伯苓还结识了在天津基督教青年会工作的傅泊川，发展中国体育是他们经常谈论的话题。一天，张伯苓说，有两个因素影响了中国体育普及和发展，一是官方不重视、不投入；二是体育用品都是舶来品，价格昂贵。傅泊川觉得如果能创建一家生产体育器械的工厂，既可抵制外货，又能有利可图，维持生计。回家后，他便把这个想法告诉了在华北制革厂学徒的弟弟傅泊泉。兄弟二人一拍即合。他们决定就从制作篮球干起。

傅泊泉虽学过制革，但对制球却是外行。几经试验摸索，才做作出几个较圆的篮球。傅泊川将篮球拿给张伯苓让他给把关。张伯苓说，篮球过不过关，我说了也不算，篮球队员最有发言权。于是，他们把篮球交给南开学校的篮球队员试用，并根据他们的意见不断改进工艺和技术，直到产品完全达到运动员满意了，他们才开始着手开办工厂，大批量地制作生产。

为了凑足建厂资金，傅氏兄弟又联络了傅清淮、傅清波等六人，筹资800

利生体育用品厂的宣传刊物

元。钱有了，他们又四处联系租房。最终，在张伯苓的帮助下，他们租得南开中学对过的两间铺房，前店后厂。1924年春的一天，一阵鞭炮声中，工厂宣告成立。因开张在春季，又是六人合伙，故取名“春合”。

办厂初期，由于质量问题，产品销路不畅，数月入不敷出，工厂行将倒闭。就在这关键时刻，又是张伯苓救了他们。张伯苓认为，虽然春合的产品还没有达到国外进口产品的质量，但学生日常上体育课，运动员平时训练，用起来还是可以的。于是，春合最初的产品多数卖给了南开学校。

为改进工艺、提高质量，春合工厂从华北制革厂请来了几位技术工人负责生产，聘请天津工学院制革系毕业生石炳星担任制革技师。生产逐渐走入正轨，产品开始打开销路。他们终于走出低谷，迎来春天。工厂扩大规模后生产的网球拍、运动鞋等产品畅销全国。

为了宣传产品，联络运动员、裁判员。在国内的大型运动会举办之际，春合除在现场设摊售货外，还要向著名运动员、裁判员赠送产品，让他们出具使用证明，请他们在自己产品上签名。当年，林森、孙科、黄郛、宋哲元等政界要人都曾为春合题词。张伯苓和南开学校许多运动员，也都曾为他们义务做过广告。

利生、春合都是在张伯苓的帮助下，背靠南开、面向全国发展起来的。

他们与南开学校体育事业的发展互相呼应，南开学校向他们提出要求、提供样品，他们则为南开学校和全国的体育运动服务，相得益彰。随着全国体育事业的发展，这两个厂也成为闻名全国的体育用品厂，其产品行销全国甚至出口到国外。

此后，上海、北京也相继建立了华东、中华、协兴等体育用品厂。至1935年第六届全国运动会召开时，体育用品国产化已达百分之九十。这些厂家生产的体育用品不仅满足了国内体育活动的需求，而且还远销国外。更重要的是遏制了外国体育用品的渗入，在洋货充斥大半个中国的时代，为振兴民族工业树起了一面国产商品战胜外国商品的旗帜。

25. 体育名师的“伯乐”

张伯苓作为中华全国体育协进会会长，在建立、发展近代中国体育的同时，造就了一支强有力的体育人才队伍，全国体协总干事董守义、天津体协会长章辑五、体育实业家齐守愚、第一批国家级裁判侯洛荀、著名排球教练陶少甫，东南大学体育系毕业的文进之，北京师范大学体育系毕业的刘冠军、赵文选，南京体育专科学校毕业的廖蔚棠等，都曾是被张伯苓相中的南开学校的体育名师，也都以南开为起点，走向全国、走向世界。

“中国篮球之父”董守义

董守义，1895 年（清光绪二十一年）出生于直隶省蠡县的一个平民家庭。1907 年进入同仁学堂，在这里，他第一次见到了篮球，爱上了篮球，篮球从此成为他生命之歌的主旋律。1910 年（清宣统二年）初，董守义转到通县协和书院，四年的学习中，他的球艺和他的个子一样长得很快。他先后担任了体育委员、体育会长和篮球队长。

毕业后，摆在他面前的有两条路：一是当传教士，一是从事体育，他选择了后者。应美国篮球运动的创始者奈斯密斯教授的高才生、天津基督教青年会体育干事蔡乐尔之邀，董守义来到了天津基督教青年会体育部。当时，身为该会董事的张伯苓，经常请一些美籍干事到南开学校传授篮球、足球、网球、乒乓球技术，把近代西方体育理念和技巧引入南开。董守义表现出来的高度的工作热情和献身体育的精神引起张伯苓的重视。

在几次工作接触后，张伯苓喜欢上了这个与自己相差近 20 岁的年轻人，萌生了将其招至麾下的想法。于是，在董守义来到青年会不到一个月的时间，南开学校的物理教师兼体育主任章辑五就找上门来，表达了张伯苓校长诚邀他到南开任教的想法。董守义虽刚刚结识张伯苓，尚无深入的个人交往，但对张伯苓却是仰慕已久，深知他对中国体育的卓越贡献，深为他不遗余力地倡导体育的精神而打动，遂欣然接受南开学校之聘。

董守义

此后，董守义每天上午10时准时到南开领操，每周用三个半天的时间指导学校各种代表队训练。篮球运动在南开有着一种独特的魅力，全校活跃着十几支篮球队。在董守义和章辑五等教师共同指导下，南开学校的篮球水平迅速提高。1922年天津学校联合运动会中，南开队初露锋芒，连克实力强劲的青年会队、曾获得华北运动会冠军的高等工业学校队、官立中学队以及称雄津门多年的新书学院队、北洋大学队等多支劲旅，一举夺魁。

1923年5月下旬，董守义被青年会推荐到美国麻省斯普林菲尔德市的春田学院进修。在春田学院的700个紧张的日日夜夜，他以自己的勤奋和才能，证明了黄皮肤的中国人并不天生就是“东亚病夫”。他是美国中部青年夏令营体训班网球比赛双打冠军之一，又是棒球赛的冠军成员之一。作为春田学院网球队队长，他夺得过美国东部青年会夏令营网球比赛的单打和双打冠军。他同时又是春田学院橄榄球代表队的中锋。校方对他极为赏识，学习结束后，学院为他安排好了工作和住房，极力挽留他在学院工作。

但董守义并没有留恋美国富裕的物质生活和良好的工作条件。两年的留学生活使他深深感到，中国人并不缺乏运动的天赋，缺乏的是练习的机会和组织，自己应该为此效力。1925年7月，他毅然回到天津，担任了青年会体育部主任。董守义返津以后，时任全国体协董事长的张伯苓立即找到他，再次聘请他为南开学校的体育指导。

1929年华北运动会上，南开中学篮球队以南开大学名义参赛，接连战胜山西两个队、冯庸队和北京师范大学队获得冠军。不久南下上海，在相继战胜沪江大学队、西侨青年会队和美国海军队三支上海冠军队，又力克从日本全胜归来的菲律宾队，这是中国队首次战胜菲律宾队。南开队为国争光，

1929 年，南开学校师生赠送给董守义的银盾

“南开五虎”的美名迅速传遍全国，董守义也因此名声大振。

1932 年，在张伯苓和董守义的共同努力下，中国派出一名运动员和一名教练员参加了第十届奥运会，实现了中国人第一次进入奥运会。1936 年，董守义作为中国代表团篮球队教练参加在柏林举行的第十一届奥运会，运动会期间，他代表中国参加了国际篮球协会会议并被推选为国际篮球裁判会会员。

“七七事变”后，1941 年张伯苓主持召开中华全国体育协进会会议，历陈现实严峻，必须专聘热心体育、全力投入之士竭力维持，并力荐董守义加入。后经议决，增聘董守义为委员，担任协会副总干事，负责拟订该会战时工作计划。此后，正是张伯苓、董守义等在艰苦条件下的执著追求，才使中华全国体育协进会在这特殊的八年里得以留存和发展。

1945 年董守义任国民体育委员会常委后，在张伯苓的支持下，他草拟的《请求第十五届奥运会在中国举行案》，在中华全国体育协进会第二届监理事会议上获得通过，这是中国人第一次提出申办奥运会。但鉴于旧中国的历史条件，这一草案最终流为一纸空文。1947 年 6 月 18 日至 20 日，董守义出席了在斯德哥尔摩举行的国际奥委会第 40 次会议。凭着他对中国体育的突出贡献和对世界体育的不懈追求，董守义成为继王正廷、孔祥熙之后，第三位成为国际奥委会委员的中国人。

新中国成立后，董守义看到了光明和希望。他放弃去美国的机会，选择了为新中国体育事业奋斗终生的道路。1952 年 7 月，荣高棠、董守义等率队参加了在赫尔辛基举办的第十五届奥运会，望着第一次在奥运会上升起的五星红旗，董守义再也抑制不住内心的激动，两行热泪夺眶而出，此时此刻，他想起了以往参加奥运会的情景，想起了自己奋斗了大半生的体育事业，想起了周总理说的话："你们能冲破国际上某些人的阻挠去参加奥运会，能把五星红旗插到奥运会上就是胜利！"

1978年6月13日，董守义因患癌症医治无效在北京逝世。他在留下从事体育事业的丰富实践经验的同时，还留下《篮球术》、《最新篮球术》、《篮球训练法》、《足球术》、《田径赛术》等体育专著。

天津体协会长章辑五

章辑五，字济武，1891年（清光绪十七年）生于天津。1910年毕业于直隶高等工业学校机械工程科，曾在学部复试，列最优等第一名。毕业后，留校教授物理、英文等科，兼课外活动管理。为学有所用，1912年在天津、上海、大连等地的美孚油公司担任工程师。1915年，应张伯苓之邀，到南开学校任物理、英文等科教员，兼课外运动管理及童子军教练。

时任天津体育协进会会长的章辑五

1923年，因感于中华民族体育教育之急需，张伯苓遂派章辑五随美国体育名家麦可乐赴苏州东吴大学体育系进修一年，并参观南省各校体育状况。1924年重返南开学校后，出任南开大学、中学、女子中学、小学四部体育主任，带领南开健儿在全市、全国乃至国际上都取得过骄人战绩。他在体育事业的突出贡献，得到体育界的一致认可，历任华北体育联合会名誉书记、天津中华童子军联合会名誉总干事、天津市公共体育场董事及青年会体育委员等职。

面对中国体育的落后，国力的衰微，国民的委靡，他曾说："中国在今日救国困难问题，国人皆谓不外贫弱胥宇。但仔细研究，中国的根本问题不在贫而在弱。何以言之，试看一看中国最近调查统计，就知道了。中国国民平均年龄之短促，各项疾病死亡之惊人巨数，他如，生产能力之薄弱，道德嗜好之坠落，生活习惯之不入正轨等等。无一不与体育健康问题有着直接关系。所以，余以为中国各种事业之落后，完全因为现在没有几个健康伟大的人物出来，民族的危险是怎样大呀！所以，中华民族之根本问题在弱，贫不过是结果罢了。”

1932年暑假期间，针对当时“选手体育”盛行，面对“选手既居代表学校的名义，忘却运动为己的主旨，事事不负责任，处处依靠学校，依赖性成，失掉养成独立人格的教育本旨”，章辑五受访欧归来的张彭春的启发，认为南开的体育应该走民众化、普及化的道路；多提倡排球、足球等团体运动，少提倡诸如网球一类的贵族化的个人出风头的运动；多注意健康训练少注意选手的比赛。经与张伯苓议定，遂决定取消选手制度，改由学生自由组合体育团体。

改革后，南开体育精神方面，最突出的变化就是运动员有了较强的责任感。以往的选手队虽然也有学生队长、干事办理一切事务，但比赛时常常会无端指责“队员人数不齐哩，服装不整哩，洋车不如汽车哩，饭菜不够吃哩”。比赛获胜后，态度骄傲，称雄跋扈；比赛失利了，不是迁怒于裁判员，就是归罪于体育课的指导。改革后，在学生自己组织的运动团体里，各个队员“兴趣的深厚，感情的融洽，责任心的恳切，比以前胜强多倍”。虽然取消了选手制度，但学校并没有放任自流，章辑五经常参加他们其中，遇事与他们共同研究商量，指导他们训练的方法，传授比赛制胜的关键，既是他们的师长，又是他们的朋友。消除了人们普遍担心的“他们偏重于胜负，任意胡行，忘掉运动道德的目标及不听体育教师指导”的顾虑。为此，在1933年第一期的《体育周报》上，章辑五发表了《南开学校半年来取消选手制后的新试验》一文，详细介绍了南开学校取消选手制度的原因、意义和具体措施。

在南开及体育界服务的30余年里，章辑五对于实施中国体育教育，经历困难问题颇多，久欲出国考察，以资借镜。1931年，张伯苓校长自美国归来后，即命他出国考察。但因华北时局不靖，国难方殷，学校经济困难，未能成行。后在张伯苓的奔走下，争取到5000元的河北省留学贷款，加上社会各界及个人援助，凑足两年的出国经费，章辑五于1933年11月14日踏上赴欧考察体育之路。他先后到德国、意大利、芬兰、瑞典、丹麦、苏联等19国考察体育，赴英国接受专门训练，赴美国入哥伦比亚等大学进修，获体育硕士学位。1935年章辑五回国，在津沪报刊上发表长篇论文《欧美体育现状及改进吾国体育建议》，详细地记述了欧美体育的发展及我国体育发展的不足，提出了借鉴欧美体育，改进中国体育的可以践行的建议。

1927年，天津体育协进会成立后，章辑五兼任会长。在他主持体协工作期间，除坚持操办全市一年一度的各类运动赛会外，还发起举办了全市网球、游泳、越野和埠际田径等比赛活动。30年代初组建了中华足、篮球队，参加全国和华北运动会，屡获佳绩。

面对天津体育出现分化的现状，在章辑五的奔走和呼吁下，1936年天津体育协进会与天津体育促进会合并，成立天津体育联合会，章辑五被选为副会长。《体育周刊》在“名人传”中评价称他“任事热心，不畏艰难，天津体育发达之有今日，君奔跑之功实不可抹煞也”。

体育实业家齐守愚

齐守愚，1901年（清光绪二十七年）出生于直隶省武清县（今属天津），自幼在教会学校读书。大学预科毕业后，供职于北京育英中学，除教授文化课外，还兼任体育、音乐教员。同时在燕京大学制革专科进修，并参加了该校的篮球队，因为球技超群而成为球队主力，屡为球队立下战功，后加入北京基督教青年会“老母鸡”篮球队，征战南北，在当年篮球界颇具声望。

1927年，经董守义推荐，应张伯苓之邀，齐守愚到南开学校任教员兼篮球教练，颇有建树，深得张伯苓赏识。1929至1932年奉派赴美国留学，深造体育及皮革专业。回国后，为了让他学有所用，更好地发挥专长，张伯苓举荐他到孙润生开办的利生体育器材厂担任皮革厂厂长。

尽管他离开了南开学校，但仍关注着南开体育。南开学校每有到外地参加大型体育赛时，他都是解囊赞助。30年代，利生厂扩建后，该厂创办人孙润生自任董事长，但因年事渐高，身体欠佳，很少过问公司的事，日常业务统由齐守愚管理。

齐守愚管理有方，工厂生产规模的不断扩大，先后在北平设立了分厂，在顺德设立了制革车间，在天津法租界天增里设立了分公司，在大胡同设荣生商店，在北平八面槽设立同来商店。此外，在上海、济南、烟台、哈尔滨、西安等地还有代理店，在南洋新加坡也设立了分公司。

受张伯苓的影响，齐守愚热心体育事业，在天津体协成立之初没有办公用房时，利生工厂就成了市体协开会、活动的场所。天津代表队参加华北运动会、全国运动会时，他不但为运动员提供服装、体育器材，还为获奖运动员提供奖品。为此，1935 年 9 月 20 日，天津体协改选时，齐守愚被公推为副会长。

第六届全国运动会上，齐守愚还担任了径赛裁判员。选拔第十一届、第十四届奥运会篮球运动员时，他都是华北区选拔委员会的重要成员。1947 年 12 月 7 日，中华全国体协总干事董守义来津，与张伯苓等商议选拔第十四届奥运会篮球运动员事宜时，就是在马场道伟夫路 22 号齐守愚的家举行欢迎晚宴时进行的。

抗战期间，天津沦陷，利生工厂处于停滞状态。齐守愚遂赴重庆组织了中美联合企业股份有限公司。日本投降后，公司迁回天津，齐守愚也回到了阔别数年的故乡。随着利生厂的恢复生产，齐守愚更加钟情于体育事业。1946 年恢复九九体育节后，连续三年的庆祝活动，齐守愚都是筹备委员会委员，担任着各项体育比赛的总裁判、总指挥，并慷慨地为活动提供了经费。1946 年，天津体育协会成立后，齐守愚当选为理事。

1948 年，经中美公司董事会议决，派齐守愚赴美国扩展业务，开办分公司，与相关业务单位签订购买毛织厂合同，扩大利生厂的出口生意。原定其在美国公干一年半后回国复职，但由于时局的变化，齐守愚未能如期回国。此后，便留在美国定居。

第一批国家级裁判侯洛荀

侯洛荀，浙江平湖人，1924 年毕业于南京高等师范体育系，后应南开校长张伯苓之邀，到南开学校执教。他不但足球踢得好，而且还精通比赛规则，因此，兼任着南开大学足球、棒球、垒球队的教练和裁判。30 年代初兼任天津中华足球队指导和天津体育协进会委员、常委等职。经常临场指导各类体育比赛，不时著文，普及和宣传体育知识。

20 世纪 30 年代天津举办各种大型国际赛事时，一个南开学子非常熟悉的身影经常会出现在球场上，他就是南开大学体育教师侯洛荀。当时许多外国球队参加在天津举行的“爱罗鼎”杯比赛，他成了这一赛事的中国裁判员。侯洛荀能够讲一口流利的英语，与外国球员交流毫无障碍，而且他执法公允，不偏袒中国球队，也不害怕外国球队。

1936年侯洛荀随中国体育考察团赴柏林观摩第十一届奥运会，并到意大利、丹麦、匈牙利、捷克等9国进行体育考察。由于他精通体育各项比赛规则，所以经常担任国内各项重大体育赛事的裁判员。他是1934年第十八届华北运动会的棒球、垒球项目的裁判长。1935年，第六届全国运动会在上海举行，侯洛荀应邀担任了径赛项目的裁判长。

“七七事变”后，侯洛荀随校南迁，任西南联大体育教员。抗战胜利后，仍在南开学校供职，历任体育部和体育教研室讲师、教授。新中国成立后，50年代后侯洛荀曾兼任河北省体育运动委员会副主任，多次担任全国足球比赛大会的裁判长，是首批国家级足球裁判员之一。

此外，著名排球教练陶少甫，东南大学体育系毕业的文进之，北京师范大学体育系毕业的刘冠军、赵文选，南京体育专科学校的廖蔚棠等，也都曾是张伯苓聘请的南开学校的体育名师。正是他们在张伯苓校长的感召下，将毕生的精力无私地奉献给了南开体育事业，才把南开学校办成引领全国体育的一流学校，成为全国各级各类学校的体育示范校。

26.开女子体育运动之先河

张伯苓不只是中国男子体育教育的先驱，而且也是开中国女子体育教育先河的领袖。他很早就开始重视女子体育教育，积极呼吁在各项体育比赛中增加女子项目，开女子参加体育运动的风气之先。

民国初年以来，虽然女子在社会上的地位逐渐提高，但是许多传统观念仍然阻碍着女子参与各种社会文化活动。而在南开学校，张伯苓却要求学校开展的所有体育运动项目在校的女同学都要参加，女生也应该像男生一样能文能武，这也是南开学校普及体育教育的方针。20世纪20年代初，特别是南开女中创立后，张伯苓更加重视并不遗余力地推动女子体育运动事业的发展，聘请章辑五的夫人张淑悌为女中专职体育教员。在章辑五的精心策划和张淑悌的精心指导下，南开女中培养出一批在全国运动会、华北运动会上取得优异成绩的著名运动员与运动队。1924年5月，第三届全运会首次将女子垒球列为表演项目，在同年举行的华北运动会的垒球比赛上，张伯苓率领的南开女中垒球队一举夺得冠军。

20世纪30年代初，天津体协举行了第一届女子体育运动会

南开大学的女生也不是娇弱奢华的女性，无论寒冷的冬天，还是酷热的夏日，

她们都和男同学一样活跃在操场上。南大女运动员多次参加天津联合运动会、华北运动会及全国运动会，屡创佳绩。1930年4月，出席第四届全国运动会的天津女子篮球代表队，5名主力都是南开队员，穆祥淑更被推为队长。同年10月，在天津市秋季运动会上，理科一年级詹宗以7秒的成绩打破7秒4的女子50米全国纪录，全国女子跳高最好成绩也是由该校女生许邦爱保持的。

南开女子篮球队、女子垒球队、女子排球队都是全国一流的运动队。她们经常请男队员指导和陪练，与男队比赛时也是互有胜负。尤其是南开女中的垒球队更是人才济济，威名远扬，她们曾代表天津出席华北运动会、全国运动会，均取得优异成绩。

1928年5月18日、19日，在张伯苓的积极努力下，中断数年的华北运动会得以恢复，第十三届华北运动会在北平汇文学校举行。尽管因为交通和经费等问题，加上战乱频仍，人心浮动，只有平津两地的部分学校参加比赛，但参赛运动员仍表现出良好的竞技状态和精神面貌，取得了骄人战绩，打破四项全国纪录、五项华北运动会纪录。

本届赛会的突出功绩还在于，在赛会会长兼总裁判张伯苓的倡导下，首次增设了女子比赛项目，北京大学女二部、女子师范学校、南开学校等四所学校的27名女运动员，参加了50米、100米、200米接力、垒球掷远、篮球掷远、急行跳远、立定跳远、三级跳远等8个项目的比赛。北京大学女二部表现出强大的实力，几乎包揽了各个项目的前三名，只有女师的周家樱在垒球掷远和篮球掷远这两项争得冠军。

1928年10月，在天津体协名誉会长张伯苓、会长章辑五的呼吁和奔走下，第一届全市女子体育联合会成功地在南开运动场举行，这也是天津体育史上的第一届女子运动会。赛会设置的竞赛项目除田径外，还有徒手操、小舞蹈。

1930年4月，第四届全国运动会将女子田径、篮球、排球和网球等项目列为正式比赛项目。从此，女子体育运动在全国得到了普遍开展。张伯苓等人的积极倡导和呼吁，对女子体育的发展，无疑起到了推动和促进作用。

在促进和支持其他女子学校体育运动开展方面，张伯苓也是不遗余力。1926年11月，他在为上海两江女子体育师范学校建校四周年的题词中写道：

“强我种族，体育为先。平均男女，促进健全。钦羡贵校，巾帼英贤。懦弱之耻，以雪巨湔。四载孟晋，奋迅无前。起衰振靡，用广师传。俚俗恭祝，寿考万年。”不但表达了他对该校开展女子体育运动的赞赏，也强调了开展女子体育运动的必要性。1934年，张伯苓和章辑五还特意把两江女子体育学校篮球队请到南开学校，与南开女中篮球队进行了多场友谊赛，提高了篮球技艺，增进了两校间的感情。

在南开学校的女子体育运动方面，有一支令人尊敬的运动队，这就是永不言败的南开女篮。据史料记载，天津女子篮球运动发展稍晚，最早的记录是在1918年4月20日、21日，直隶第一女子师范学校为庆祝建校12周年而举行的运动会上，首次设立女子篮球项目。

进入20世纪20年代后，南开大学、南开中学、河北师范学院、师范学校、第一女子中学、中西女子学校、耀华中学等校先后建立女子篮球队，校际之间开始组织游戏性的篮球活动。当时女子篮球与男子篮球的规则有所不同，在社会上还属新鲜事物。到了20年代末，天津出现了各校女同学自由结合、自愿组织的女子篮球队，女子篮球运动在天津迅速开展起来。

1929年1月31日至2月2日，第五届华北球类运动会在天津举行，共有12支球队参加足球、篮球比赛。这次赛会上第一次出现的两支女子拉拉队，便是南开拉拉队和天津女师拉拉队。1月31日，天气寒冷，雪花纷飞，狂风大作，原定在南开球场举行的女子篮球比赛移至青年会室内篮球场。看台上的两支娘子军拉拉队的呐喊助威声此起彼伏，赛场

20世纪30年代初南开大学女学生游泳

上的运动员个个拼劲十足，比赛紧张激烈，场面异彩纷呈。虽然南开女中在决赛中惜败北平文学院，但初次亮相的南开女子拉拉队却是大获成功，得到观众和运动员的一致好评，为比赛增添了亮色。此后，其他学校也纷纷成立了女子拉拉队，她们成为篮球赛场上的一道靓丽风景。

1929 年 11 月，天津基督教青年会举行了首届女子篮球比赛。南开大学、南开女中、婴队、星队、奋励、竞队等 6 支女子篮球队参赛，最终实力较强的竞队在决赛中战胜了南开队获得冠军，南开女篮屈居亚军。

经过三年的苦练，在 1932 年 12 月女子篮球比赛中，南开女子篮球队终于战胜了老对手竞队，昂首挺入决赛。南开队的决赛对手是旗鼓相当的星队，两队的实力和技术水平不相上下。南开队阵容齐整，攻守均衡，前锋传球技术娴熟，后卫防守坚固。星队前锋刘俊元投篮准确，接球稳定，后卫刘文贞与高佩荣传球敏捷，奔跑迅速，都为骁勇战将。

下午 4 时，随着裁判员李友珍的银笛一鸣，比赛开始。两队均以最强阵容应战，短兵相接，杀伐紧张，两队各得 7 分结束上半时比赛。下半场双方易地再战，南开队前锋频频有妙传表演，赢得观众阵阵掌声，星队两名后卫身手不凡，防守技术更是惊人。最终因为南开队在投篮环节上稍逊一筹，以

20 世纪 20 年代张伯苓与南开女子中学学生的合影

致功败垂成，以 17:18 惜败，再度饮恨决赛。但坚强的南开女篮并不甘心，她们决心回校后刻苦训练，发誓来年一定夺得冠军。

1933 年 11 月，一年一度的女篮比赛在青年会健身房拉开帷幕。南开女篮一路过关斩将杀入决赛，与后起之秀婴队狭路相逢。比赛开始后，对方前锋首先得球，南开队右卫卢毅仁上前紧逼，不慎犯规，婴队右锋朱婴训罚球中的，首开纪录。此后，南开队反攻，大奏功效。右锋周赍、中锋穆祥淑接连投中数球，南开队士气大振。前锋闯关夺寨，屡立奇功；后卫防守严密，多次让对手无功而返。上半时结束，南开队以 7:2 领先。

中场休息后，双方移防而战。南开队频频换将，以孙家莹担当中将，赵竹韵司职左锋，周赍充任右锋，他们的上场犹如增添了一支生力军，南开队的进攻更加猛烈，后卫严防死守，不让对手越雷池一步。但因争夺激烈，南开队右卫被罚出场，遂改由赵竹韵任右锋，穆祥淑任左锋。比赛重新开战后，南开队前锋得球，传递佳妙，姿式优美，孙家莹双手一举，球应声入网，场外观众连连拍手叫绝。婴队虽尽全力反扑，但因实力悬殊，终致告负。南开队以 14:5 悬殊比分获胜，夺得锦标。永不言败的南开女篮终于登上了最高领奖台。

27. "九九"体育节

在中国历史上，体育活动的开展堪称久远。到了近代，特别是进入民国以后至抗日战争爆发前，随着经济、社会的缓慢发展，尤其是西方体育活动方式和理论的逐步传入，中国的体育活动进入了一个新阶段。各级学校较普遍地开设了体育课，培养了一批师资和专门人才，民间相继建立了体育协进会、促进会、联合会等众多的体育社团组织，组织了华北、全国、远东运动会等一系列的体育活动，全国范围内的体育活动得到广泛的开展。

然而，从北洋政府到南京国民政府，当时皆对体育运动缺乏重视，绝少扶持，1929 年南京国民政府虽曾颁布过《国民体育法》，却不过是一纸空文，从未有人认真实施过。这样，就造成中国体育事业大大落后于世界水平的状况，如 1936 年在德国柏林举办的奥运会上，中国代表团在所参加的项目中全部失利，仅靠武术表演挽回了一点面子。

通过这次世界体育大舞台的检验，身为中华全国体育协进会会长的张伯苓，清醒地看到了中国体育与世界体育的差距，遂呈文国民政府，请求在全国范围内设置体育节，以达到全民参与体育，提高全民身体素质的目的。但国民政府当时并没有把张伯苓的呈文当回事儿，更没有把发展体育列入政府议事日程。

抗日战争爆发后，国民政府很快尝到了体育落后酿成的苦果。当时急需扩充军队，但由于以往不重视体育，广大民众更因生计艰难而无从锻炼身体，因而极大地妨碍了国民体质的提高，使得南京国民政府难以征募到合格的兵员——应征的"壮丁"不壮，多为"瘦丁"。据军政部 1937 年的一份报告称，该年数次降低入伍的身体标准，但不及格者仍占五分之三以上；随后考选空军时，体格合格者尚不到百分之一，从而引起了各方政要的震动。在一届国民参政会上，不少代表呼吁开展国民体育活动，以增强人民体质，国民政府遂不得不采取临时抱佛脚的方法，急抓体育。

20世纪40年代群众体育活动场面

1940年10月10日，教育部在陪都重庆召开了全国国民体育会议第二次大会，张伯苓在会上历陈发展全民体育的重要性和必要性。最后，蒋介石也强调："今后抗战建国的教育，就是要注重体育，重秩序，守纪律。"会议提出并通过了修正1929年颁布的《国民体育法》的议案。在张伯苓等一批热心体育人士的多方奔走和不懈努力下，1941年9月9日，国民政府公布了修订后的《国民体育法》，其中规定：凡中华民国国民均有受体育训练的义务，由此以改造国民的体魄，增进民族健康。教育部为主管全国国民体育的行政机关。

1942年初，教育部呈文行政院称："为利用重九习俗（指民间重阳节登高的风俗）推行国家大法（即《国民体育法》），并为实施国民体育，纪念国父首次起义（即孙中山拟于1895年重阳节发动的广州起义）起见，特规定9月9日为体育节，并拟定《体育节举行要点》。"此议得到了行政院的批准，颁布全国执行。这是我国第一个政府法定的体育节。

不久，1942年9月9日体育节即将来临。这是中国历史上的第一届体育节。抗战爆发后，虽然大半个中国已成为沦陷区，广大百姓处于水深火热之中，但国民政府仍在重庆、昆明等地举行了"热烈而隆重"的体育节。从这年8月开始，教育部国民体育委员会即对庆祝活动进行周密安排，重庆、昆明、成都、桂林、西安、汉中等11座重要城市和福建省的16个县，举办了系列体育活动，尤以重庆的庆祝活动最为突出。

9月9日下午2时半，首届"九九"体育纪念大会暨首届重庆市运动大会在夫子池新生活运动模范区广场开幕。会后举行了系列体育活动：新生活运动模范区健身班的技巧运动表演，中华国术学会武术表演，英国驻华使馆对中国信托局、荷兰驻华使馆对中央银行的网球比赛，美国空军的垒球比赛，川东师范学生足球赛，滑翔机跳伞，儿童游泳表演，团体健身操表演，女子篮球赛，爬山，渡江，踢毽子等。其他各省市也因地制宜开展了一些特色活动，如江西的自行车比赛，西康的射击比赛等。各地开展的体育活动，无疑为当时国难笼罩下的中国平添了一抹亮色，缓解了老百姓当时的恐慌心理。

1943 年第二届体育节，在国民政府明令下，西南大后方的国统区的各省市仍然十分重视。重庆在 9 月 9 日当天，除照例召开庆祝大会，举行体育表演等传统庆祝活动外，还别出心裁地举行了一次“民族健康游行”，内有体育表演队、女护士队、清洁夫队、马队、贴标语队，并有马车十辆，均布满卫生教育标语，每辆车内有儿童二人，表示注重儿童卫生之意。

1944 年第三届体育节，是在一种特殊的背景下进行的。1944 年，已处于世界反法西斯战争和抗日战争最后胜利的前夜，国民党由于消极抗日，保存实力，坐等胜利，整个战局每况愈下，在豫湘桂战役中丧师失地，一败涂地，引起国统区人心恐慌，民众对当年的体育节根本不可能有多少兴趣。

然而，对于张伯苓来说，1944 年却有着非同一般的意义，因为这年是南开学校成立 40 周年。国家的局势张伯苓无能为力，而在自己办学的范围内，他非常注重总结经验。在这年 10 月纪念南开学校 40 周年校庆的时候，他满怀深情地回顾和总结了推行学校体育运动的经验：“南开学校自成立以来，即以重视体育，为国人倡，以期个个学生有坚强之体魄及健全之精神。故对于体育设备、运动场

20 世纪 40 年代群众体育活动场面

地，力求完善；体育组织、运动比赛，力求普遍。学生先后参加华北、全国及远东运动会者，均有良好之成绩表现。但苓提倡运动目的，不仅在学校而在社会，不仅在少数选手而在全体学生。学生在校，固应良好运动习惯；学生出校，亦应能促进社会运动风气。少数学生之运动技术，固应提高；全体学生之身体锻炼，尤应注意。是要者，学校体育不仅在技术之专长，尤重在体德之兼进，体与育并重，庶不致发生流弊。故体育道德及运动精神，尤三致意焉。”

1945 年第四届体育节，恰逢 9 月 9 日在南京举行中国战区日军投降签字仪式，举国狂欢，万民同庆抗日战争的胜利，人们的注意力都放在抗战胜利，当然就无暇过问体育节了。

1946 年的体育节，是抗日战争胜利后的第一个体育节，各地皆隆重庆祝，特别是在当年沦陷区，举行体育节尚属首次，因而体育活动尤为火炽。南京的庆祝活动在 9 月 7 日即开始，7 日与 8 日有游泳比赛，9 日举行爬山比赛、网球表演赛、篮球赛与武术表演。而在上海，据《申报》报道，当天上午 9 时市体育馆举办了“体育与卫生”演讲会，下午举行乒乓球、篮球表演赛。虹口游泳池举行游泳赛。体育节前后，全市还举行了“警察杯”篮球赛。

在北方的天津，1946 年 9 月 9 日天津市教育局和天津体协共同举办了天津第一届体育节。从上午 8 时起至下午 2 时，先是举行群众越野跑，全市各机关、团体 30 多个单位的 6000 多名代表，在民园体育场举行庆祝大会后，全体与会群众从民园体育场出发，途经河北路、赤峰道、罗斯福路（今和平路）、东马路，过金钢桥至财政局广场，举行群众大游行。下午 2 时开始，在 6 个场地举行国术表演。

一向倡导全民健身、与民同乐的张伯苓，兴致勃勃地参加了 1947 年的天津第二届体育节的活动。1947 年 9 月 9 日，是天津体育界人士狂欢的日子。经过 10 天的紧张筹备工作，早晨 8 时，随着越野赛跑发令枪响，天津体育节拉开了序幕，军、政、工、学各界人员 200 余名选手参加了越野赛跑。他们自北站出发，经月纬路、元纬路、金钢桥、大胡同、官银号、东南角、中原公司、劝业场、国民饭店、防盲医院、耀华桥、山西桥、河北桥，至终点民园体育场，全程近万米。长跑队伍浩浩荡荡，沿途引来无数行人驻足观看，为他们鼓掌，加油助威。最终，第一名于盛泉、第四名马连城均为特意从唐山专程赶来参赛的开滦矿务局职员，第二名窦文浩、第三名赵光济、第五名余正知，均为在校的中学生。他们所得的奖杯上分别刻有“我武维扬”、“尚武精神”、“体育建国”、“建国之基”、“积健为雄”等字样。每位跑完全程的参赛选手均可得到一枚“九九奖章”，以为纪念。

上午 10 时，由国术学会及消防队等上千人在第二体育场进行了精彩国术表演，引来数千观众不住的叫好声。此外，在第一体育场、第二体育场、耀华中学和基督教青年会还分别进行足球、女子排球、网球、垒球、男子排球、篮球、乒乓球、羽毛球、器械运动的表演赛，参赛选手共计 1500 余人。

当晚 8 时，在东马路基督教青年会举行庆祝晚会。晚会主持人为严修之孙严仁颖，他用滑稽的口吻向大家通报了当晚的三部曲：杂耍、用餐、晚会。在三部曲前他提议增加一个序曲，要每个人站起来报告自己的姓名、职业、年龄和生日。他说，既然是我的提议，当然由我起首。在他逐项报告后，有人喊道：“还有外号呢?”他毫不犹豫地说：“本人字海怪!”招得大家哄堂大笑。在郭荣启、张寿臣的相声和王桂英的抖空竹两项精彩节目后，偕夫人同来的副市长杜建时，以中华全国体协天津分会理事长的身份向晚会致词，他在肯定本年的成绩后，希望大家仍然注重体育，在忙碌的工作中不要忘掉自己的健康。

天津民园国际运动场建于 1926 年，“九九”体育节的开幕仪式经常在这里举行

严仁颖向大家特别介绍了时任中华全国体育协进会理事长的张伯苓多年苦心倡导教育、体育的经过，号召各界人士追随着这位德高望重的老先生干事业，就一定不会错。他还感谢杜建时对体育事业的支持，并向大家透露，副市长夫人其实就是位优秀的体育运动员，她在成都华西大学当教师时，跳高、跳远和百米跑都曾拿过第一名。为了“堵”住“海怪”的快嘴，杜夫人连忙让人取来起士林特制的糖果，每人发了一包。

由于青年会食堂较小，容不下100多人同时就餐，晚餐的人们只得移至入门处的大厅聚餐。9时餐毕，在礼堂继续开会。看到有这么多人重视体育事业的发展，张伯苓显得非常激动，即兴发表了演讲。他感慨地回顾了四十九年来自己提倡教育、体育的艰辛旅程，通报了近几来开展的各项体育工作，展望了今后体育事业的发展前景。最后他说，现在的体育已较四十九年前进步了很多，但比之世界各国又相差太远了。天津是华北体育的发源地，体育搞得有声有色，在全国也属领先地位，但诸位还要清醒地看到自己的差距，我们要走的道路还很遥远，大家更应该抬起头，加急步子向前走。希望大家齐努力，挽回颓风，恢复燕赵健儿声誉，担起建国重任。

随着国民党在抗日战争胜利后违背历史潮流，坚持其一党专政的独裁反动统治，发动了新的内战，全国人民很快陷入苦难之中，国民经济迅速恶化，物价飞涨，货币贬值，人民生活朝不保夕，体育活动因经费支绌而陷入了窘境，体育节庆祝活动遂呈江河日下之势，一届不如一届。

1948年9月，人民解放军与国民党军队的战略决战即将开始，国民党统治摇摇欲坠，为粉饰太平，安抚人心，国民党当局仍然举办体育节庆祝活动。但除南京外，各地多采取敷衍态度，只是举办一些小规模的活动，应付了事。

28.第十四届奥运会

1948 年 7 月 29 日第十四届奥运会在英国伦敦举行。当时正值中国国内形势剧烈动荡、国民党政府风雨飘摇。但为了掩盖行将土崩瓦解的颓势，国民党政府还是匆匆地决定拼凑一个代表团赶赴伦敦。

1947 年初，中华全国体育协进会收到奥委会的邀请函后，成立了由王正廷、马约翰、董守义、宋君复、容启兆、江良规、许民辉等 7 人组成的遴选委员会，负责参赛运动员的选拔工作。此时的张伯苓刚从美国治病回到国内，正忙于南开大学复员后的重建工作。张伯苓是 1946 年 12 月 18 日回国抵达上海的，他接受上海记者采访时明确表示，他今后要做三件事：第一，发展南开；第二，致力体育，体育比什么都重要，民主政治亦是体育精神；第三，做中美协会的工作，促进中美文化合作、民间友谊的交流。

同年 5 月 1 日，遴选委员会开会决定在 10 月举行的第七届全国运动会上进行运动员初选，并分别成立了足球、篮球、田径、游泳 4 个遴选委员会。但经费问题又令体协十分头痛，此时的国民党政府已到了全面崩溃的前夕，根本无心提供参与奥运会的经费。筹措代表团 15 万美元的经费，成了体协的头等大事。体协原计划向政府申请 5 万美元，向社会人士和华侨募捐 10 万美元。后来政府只答应给 2.5 万美元，为了得到这笔经费，体协总干事董守义在南京和上海之间跑了二十五个来回，奔走于各衙门四十余次，费时四个月才拿到手。筹款耗尽体协的精力，对运动员的选拔、集训反而无暇顾及。

天津承担着华北地区篮球运动员的初选任务，选拔委员会原由全国体协指定的李清安、牟作云、宋君复等 3 人组成，后宋君复因故未到，增聘齐守愚、田秩曾 2 人加入。各参赛单位由省市教育厅局办理报名手续，各地球队不得直接向大会报名参加，各单位参加大会的篮球队以 10 人为限。初选竞赛大会选拔出 14 名运动员，入选运动员到北平清华大学体育馆训练二至三个月。训练完毕选其中 10 名成绩最优者，代表华北区参加在上海举行的全国总

坐落在洛桑奥林匹克公园门前的
"奥运五环"雕塑

决赛。

1947年12月7日，董守义特从北平来到天津，与时任中华全国体协理事长的张伯苓商议如何圆满完成此项任务，张伯苓以其一贯的认真作风，和董守义商定了华北地区篮球运动员选拔的步骤和方法。当记者问及我国此次参加世运可能获得之成绩时，董守义说："世界运动会之意义，在推动各国运动，促进世界和平。参加世运不能仅以得分为目的，而应以倡导国内运动风气。"

10日下午，天津体育协进会召开了常务理监事及财务委员会联席会议，市体协名誉会长张伯苓、理事长杜建时，全国体协总干事董守义，以及齐守愚、严仁颖等出席会议。会议讨论通过了《筹委会简章》、《参加第十四届世运篮球预选天津区初选会竞赛规程》及《中选后代表队训练办法》，确定由齐守愚、李清安等主持天津区世运会（奥运会）篮球初选筹委会工作，选拔运动员的比赛赛场设在耀华中学体育馆。

12月29日下午2时，天津市运动员的初选选拔赛首先在耀华中学体育馆进行。参赛运动员先是表演了传球、投篮等基本技术动作，随后所有运动员分四队进行对抗赛，最后由著名篮球运动员王鸿斌、刘学琦各带领一队进行了半小时的表演赛。赛毕，当场确定初选名单为：傅金声、程世春、王鸿宾、郭金铭、刘学琦（时已入天津籍）、李汉亭、毛谦、魏文平、邢恩元、王纪良、李耀曾、李绍唐、么世忠、杨致宽、田勤书、陈华生、张长禄、王久恭、张振东、董祥发等20人。其中王鸿宾、李绍曾是曾参加过第十一届奥运会的老将。

1948年1月24日，华北地区篮球运动员选拔赛在天津耀华中学拉开帷幕。比赛共进行了五天，至28日晚结束，每晚7时至9时比赛两场，比赛对阵由各代表队抽签决定。但这项工作全国体协并没有给付经费，天津体协只得以门票收入支付开支。素有“篮球城”之称的天津，是中国篮球运动的发源地，有着广泛而深厚的群众基础，观众为一睹华北地区一流的篮球赛都踊跃购买门票，尤其是平津两队赛场的门票，半天就被抢购一空。

1936年整装待发的中国奥运会代表团

1月29日晚9时所有比赛结束，热情的观众意犹未尽，强烈要求平津两队再加赛一场。于是，平联队与津联队又进行了一场表演赛。10时，选拔委员会宣布了入选名单。正取15人有天津的王鸿宾、程世春、李汉亭、傅金声、李耀曾、张长禄、刘学琦，北平的赵振绵、王元祺、卢鼎厚、杜克礼、唐振声、张练材、王琦和热河的王平周；副取4人是天津的郭金铭、么世忠，热河的朱晋生和绥远的张静。名单确定后，入选运动员移师北平清华大学集中训练两个月，于4月赴上海参加全国运动员选拔总决赛。

1948年4月在上海举行的第七届全国运动会，实际上成了赴英运动员的选拔赛。为此，张伯苓在南京出席国民大会后，又马不停蹄地赶到上海，出任这届运动会的总裁判长。就在赛会刚刚结束、中华全国体协正在确定赴英人员名单之时，南开大学接连发生了几起有关学校风纪的事件，学校开除了两名学生，部分学生以罢课抗议学校的决定，引起全国新闻媒体的普遍关注。张伯苓立刻通知校方和学生：一切等我回来再做处置。5月13日，张伯苓返回天津后，妥善地处理了“学校家务”。

5月23日，南开校友会为张伯苓补祝了七十三岁寿辰，中午在食堂与

300 余名校友同堂用餐，张伯苓发表了长篇感言。此时的南开大学虽然已由私立大学变成隶属于教育部的国立大学，但由于中国高教界历来存在的矛盾，使南开大学经常处于不利的境地，诸如院系调整受限制、不予特别加拨经费、中华教育文化基金把南开排斥在外等问题都令张伯苓十分伤神。而此时最让张伯苓痛苦的是，他这个教育家被政治人物利用，极不情愿地出任了国民党政府考试院长。为此他提出过三个条件：一、只同意担任考试院长三个月；二、南开大学校长一职还要兼着；三、要请沈鸿烈担任考试院诠叙部部长。

可是，张伯苓到南京上任不久，教育部就对他兼任南开大学校长提出异议，他被迫接受教育部的意旨，但坚持由自己提出接任人选，拟请南大经济研究所所长何廉接任校长。8 月底，何廉应召从美国回国，到南京看望张伯苓，实地感受到张伯苓对于南开的感情，遂向教育部长朱家骅提出自己代行南开大学校长的变通办法，朱默认了。岂知，就在张伯苓返回天津与何廉交接校务的时候，行政院却作出所谓接受张伯苓请辞南开大学校长的辞呈、应予免职的决定，而且各大报纸迅即刊发这一消息，这无异于对张伯苓搞了一次突然袭击，这位七十三岁的老人，就这样被迫离开了自己倾注毕生心血的大学教育舞台。

1946 年张伯苓在美国

由张伯苓的以上活动轨迹可以看出，他参与了第十四届奥运会中国参赛运动员的选拔工作，但就在伦敦奥运会召开之时，他却正面临着人生的重大转折。将毕生的精力和心血投入到中国的教育事业，本来是他一生的追求，也是他一生的最爱，而他却被迫离开南开大学，可以想见他是多么痛苦！在这样的时刻，他的生命被郁闷笼罩着，已经没有心情参加第十四届奥运会，这恐怕是他第三次与奥运会擦肩而过的原因。就在这年的年末，张伯苓再也不能忍受南京官场的污浊空气，他离开了南京考试院，回到重庆南开中学的寓所“休息”去了。

1949 年 1 月 15 日，天津解放，南开大学被天津军管会接管。10 月，国民党政府迁到重庆，张伯苓向蒋介石送交了辞去考试院长的辞呈，蒋介石两次看望张伯苓，请他去台湾或美国。11 月 27 日，在国民党政府撤往成都的前夕，蒋介石、蒋经国父子再次动员张伯苓飞往台湾，张伯苓以“不愿离开南开，更不想离开祖国”为由回复。11 月 30 日，重庆解放，张伯苓将他亲手创办的重庆南开中学、小学和幼儿园献给国家。

1950 年 5 月 4 日，张伯苓夫妇到达北京，受到他的学生周恩来和老友傅作义的热情欢迎。9 月中旬，张伯苓夫妇回到天津。1951 年 2 月 23 日，张伯苓在天津因病与世长辞，享年七十五岁。临终前，张伯苓留下遗嘱：“今日之人民政府为中国前所未有之廉洁良好政府，其发展生产、友好苏联之政策，实为高瞻远瞩，英明正确之政策。凡我友好同学，尤宜竭尽所能，合群团结，为公为国，拥护人民政府，以建设富强康乐之新中国。无限光明远景，余将含笑待之。友好同学，务共努力。”

惊悉张伯苓先生病逝，周恩来总理亲临天津张宅吊唁，让所有在场的人都十分激动。周恩来送的花圈挽带上写着：“伯苓师千古，学生周恩来敬挽。”在张宅，他用哀伤、沉痛的语气对家属说：“我真没想到校长去世这么突然，我原是想让校长看看我们的新中国、新社会，再请他出来工作的。”他对在场的南开校友说：“很遗憾没有早点来，没能见到张校长……看一个人应当依据他的历史背景和条件，切不可用现在的标准去评论过去的人。张校长的一生是进步的、爱国的，他办教育是有成绩的、有功于人民的。咱们都是他的学生，人民政府对校长十分关心，对他寄予希望，对他去世，十分可惜。”

29. 神交顾拜旦

回顾中国奥运百年的发展历史，奥林匹克运动与天津、与南开有着不解之缘。天津是奥林匹克精神传入中国的第一站，而张伯苓就是中国早期奥林匹克运动的倡导者和实践者。张伯苓与比他年长十三岁、活跃在同一个时代的“现代奥林匹克之父”顾拜旦虽未谋面，却始终心有灵犀，神交魂牵。

——教育是奥运理念和南开精神的核心

顾拜旦（Pierre de Coubertin，1863—1937）出生在法国的贵族家庭，从小受过良好的教育。青年时期的顾拜旦深受“普法战争”失败之苦，他的祖国和人民倍加感受到了颓废的煎熬，正当社会各界寻求祖国振兴之路时，顾拜旦将希望的目光投向了教育。他自己立志“把自己的名字和伟大的教育改革联系起来”，力图寻求一条教育改革之路来拯救法国、改良社会。他敏锐地观察认识到，工业革命使人类社会的生产方式和生活方式发生了深刻的变化，但是同时也给人的生理、心理和社会行为等诸多方面带来了新的问题和威胁，他对古希腊人德、智、体全面发展的教育观印象深刻，认为重建希腊文化中最成功最受重视的特性，“发展肌肉以为道德教育之基础”，而“英、美的青年教育使人更

顾拜旦和他的家人

具朝气，是因为在他们的教育课程中包括有体育和竞技运动”，“竞技运动是重塑青年一代，整复其业已失衡身心的强有力的促进剂。”

由此顾拜旦开始了他发展法国体育教育和恢复奥林匹克运动的征程，希望通过奥林匹克运动这种特殊的教育手段教育公民，首先使个人得到发展，进而开展到社会，实现他改造社会、建立美好世界的宏伟愿望。正是从教育改造思想出发，顾拜旦从现代奥运创始之时就赋予了教育的内涵。他“提倡人人享有普遍的体育教育，培养其勇敢及大度的性格，展示美学和文学的才能，使之成为民族发展和家庭幸福繁荣的动力”。他倡导奥运的目的“决不仅止于创造娱乐或一名观众，而是希望将竞技运动作为教育的手段”。因此，在他起草的《奥林匹克宪章》中明确提出奥林匹克主义就是“增强人的体质、意志和精神并使之全面发展的生活哲学”。其目的在于“谋求体育运动与文化和教育相融合，创造一种以奋斗为乐、发挥良好榜样的教育作用并尊重基本公德原则为基础的生活方式”。“通过开展没有任何形式的歧视并按照奥林匹克精神——以互相理解、友谊、团结和公平比赛精神的体育活动来教育青年，从而为建立一个和平而美好的世界作出贡献”。可见，顾拜旦复兴奥运的出发点是教育，而他倡导的奥林匹克主义也没有离开教育。

张伯苓的教育思想与顾拜旦的教育思想如出一辙，具有相似之处。青年时期的张伯苓目睹了西方各国列强瓜分中国的狂潮，悲愤填胸，深受刺激。他后来在回忆这段经历时说道：“念国家积弱至此，苟不自强，奚以图存，而自强之道，端在教育。创办新教育，造就新人才，及苓将终身从事教育之救国志愿，即肇始此时。”与此同时，张伯苓对中、英两国水兵身体上的强弱和精神上的差异产生了强烈的印象。于是在他的思想深处萌发了“强国必先强种、强种必先强身”和“强我种族、体育为先”的意识，从而立志通过教育改造中国人。张伯苓倡导体育教育还基于他对民族积弊的深刻反省。张伯苓认为中华民族之大病有“愚、弱、贫、散、私”五端，此五病“实为我民族衰弱招侮之主因”。为了矫正时弊，育才救国，他在开始同严修创办南开学校之时就提出了以“公能”二字为依托的五项训练，其中体育被放在了第一位。

南开的校训是允公允能、日新月异。张伯苓先生在总结四十年南开办学经验时说，南开学校为实现教育救国之目的，对于学生教育训练方针特别注意五点：一曰重视体育，二曰提倡科学，三曰团体组织（包括学术研究、讲演、出版、新剧、音乐研究会、体育、社团），四曰道德训练，五曰培养救国力量。张伯苓认为体育不仅是一项体能训练，而与智育、德育都有关系。“体育发达，非啻身体之强健已也，且与各事均有连带之关系。读书佳者宜有健全身体，道德高者宜有健全身体。”他认为体育使国民身体强健，可治重文轻武，鄙弃劳动的弱病；体育竞赛能够强化人的团队意识和互助精神，体育精神对于人的精神世界有一种潜移默化的影响和作用。他认为“体验过体育中的竞争、团结、合作以后，推行民主政治要有力得多”，“民主政治就是体育精神”。张伯苓在这里对体育的认识不仅仅是为国家培养新式人才，而且是与中华民族奋发图强，建设新的民主国家紧密地联系在一起。这一认识高度的升华源于他的爱国主义思想和对体育运动的深刻理解。他的思想核心没有离开教育。

——爱国主义是民族自强的精神动力

顾拜旦是一位具有强烈爱国情怀的人，他早年钟情于体育运动，就是受到强烈的爱国主义的驱使，是为了寻求法兰西民族振兴的道路；他追寻古希腊发展的足迹，复兴奥林匹克运动就是为了教育救国的一种理想追求。作为一位教育家，他深知爱国主义教育的必要性和重要性。为了教育在奥林匹克运动会获奖的各国青年，他匠心独运地将授奖仪式作为激励他们的教育手段，使各国运动员在国歌奏响、国旗升起之际，把个人的成就与国家和民族的荣誉紧密地联系在一起。正如顾拜旦所说的：“在这个世俗化的世纪，有一种信仰可能用来实现世俗化目标——这就是国旗，现代爱国主义的象征。把国旗升上胜利的旗杆以奖励获胜的运动员——这样就继承古代的崇拜，而不需要重新点燃炉火。”

中华民族素有爱国主义的优良传统，南开精神中更是体现出了这一美德。张伯苓亲自制定“允公允能”校训，其中明确提出“公”的含义就是爱国为公的意思。张伯苓认为学校教育广义言之则教之为人，何以为人，则第一当知爱国。张伯苓在他的教育实践中，建立了具体的、系统的、经常性的、多样的、生动活泼的爱国主义教育机制，形成了一套以学生为中心并符合他们要求的教育方法。他深知体育运动对学生培养爱国主义的独特作用，利用体育运动中的一切可能机会开展爱国主义教育。在20世纪20年代以前，中国的运动会几乎都由外国人包办，裁判皆操在外国人手中，连运动会使用的术语也只能说英语。1923年5月3日至4日，第十届华北运动会在南开学校举行，负责大会组织筹备的张伯苓毅然决定一个外国人也不请。从运动会筹备到开幕，裁判均由中国人担任，并不准说"洋话"，使这次运动会真正开成了中国人自己的运动会。从此以后，外国人操纵中国体育运动的状况发生了明显改变，我国举办运动会再不依靠外国人了。

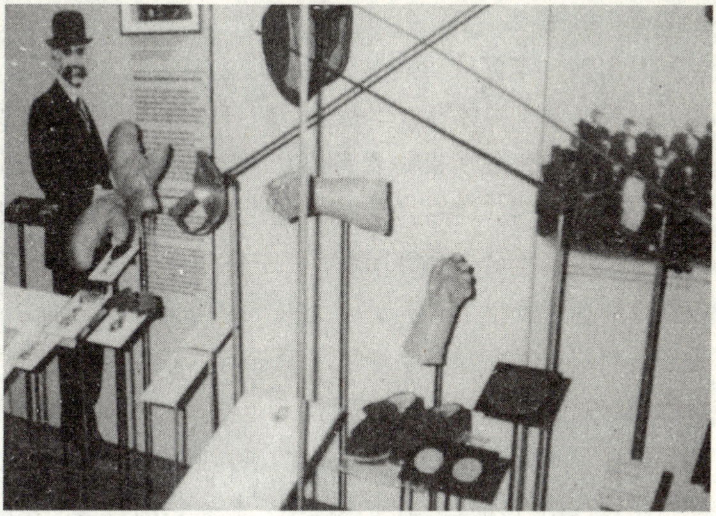

"现代奥林匹克之父"顾拜旦先生的部分物品

——参与体育运动，接受体育教育

"参与比取胜更重要。"这是现代奥林匹克运动的著名口号，是顾拜旦体育思想的重要体现和精髓所在，也是奥林匹克运动广泛开展的坚定信念和奥林匹克精神的基本原则。顾拜旦认为"奥运会重要的不是胜利，而是参与"。因为在人的"生活中重要的不是凯旋而是奋斗，其精髓不是为了获胜，而是使人类变得更勇敢、更健壮、更谨慎和更落落大方"。顾拜旦认为人们参与竞技运动，不能只是注重竞争的结果，而应当从人类自身的发展完善出发，更加注重参与的过程，在参与中受教育，在参与中谋发展，在参与中完善自我。因为参与体育运动的可贵之处在于培养参与者高尚的品质、真诚的态度、奉献的精神和对理想执著的追求，其意义远远超过了获得名次和奖牌。这种参与本身就是每个人的义务和权利，是一种体育态度，更是一种运动志向和人生的奋斗精神。

人人参与体育运动是南开学校的基本要求，也是南开学生的强烈愿望。南开学校非常重视体育教学和学生的身体健康。张伯苓认为“德、智、体三育之中，我中国人所最缺者为体育”。为达到人人参与体育的目的，他希望“以期个个学生有坚强之体魄和健全之精神”。针对个别人搞锦标主义，拉运动尖子选手，争名夺利等现象，张伯苓倡导体育“不仅在学校而在社会，不仅在少数选手而在全体学生”。他认为“若专就体育而言，则当力求普遍均衡发展。目前大家只知着手培植选手，仍然不能达到促进国民健康的目的，无法取消东亚病夫的恶名”。正是由于张伯苓把人人参与体育运动上升到是强健国民体魄、振奋民族精神、促进国家强盛的高度来认识，所以他身体力行，亲自把近代西方体育引进中国的学校教育，用自己的实际行动带领学生参与体育运动。南开的体育教学大纲把“精神愉快，发生美感”列为体育教学和课外体育活动要达到的目标，强调“自试活动”、“韵律活动”、“游戏活动”等内容。1934 年，民国政府教育部重申体育为学校必修课时，明确要求各学校“其教授步骤及课程内容可参考清华、南开、武汉等校办理”。由此可以看出南开的体育教学在当时是处于全国领先水平的。

——公平竞争是一种公德规范

顾拜旦在奥林匹克理想的建构中，把公平竞争作为与“对美与优雅的崇拜”相并列的重要组成部分，倡导“费厄泼赖（Fair play）”式的“骑士精神”。与此同时，顾拜旦也清醒地认识到，现代物质文明对奥林匹克理想的冲击，使得“‘费厄泼赖’处于危险之中，特别是种种毒害毫无顾忌地滋长，造成了竞技运动的狂热，赌博和冒险的狂热”。为此他极力提倡“来不得半点虚假”的公平竞争，对竞技运动中的弄虚作假深恶痛绝，强调“荣誉的赢得要公正无私，反之则毫无意义”。公平竞争是奥林匹克运动的魅力所在，只有保证奥运竞赛的公正，才能使奥林匹克精神中蕴涵的公正、平等、正义的内容深入人心，才能使人们在社会生活中看到希望。也正是为了保证公正竞赛，“弘扬体育的道德价值与功能，捍卫体育精神——公平竞争原则”，国际奥委会成立了公平竞争委员会，设立了“皮埃尔·德·顾拜旦公平竞争杯”，国际奥委会于 1983 年颁布了公平竞争宪章。

南开学校在开展体育运动过程中也是非常注重体育道德和公平竞争的。张伯苓非常重视南开学生的体育运动道德的培养，这不仅仅是因为社会的原因，更重要的是着眼于人才的培养。他把良好体育运动道德的修养看成是养成学生健全人格的一部分。他为此而做了大量的宣传教育工作。他强调：第一，不以不正当的方式侵害对方。第二，不以虚诈的方式投机取巧。第三，运动员的品格高于比赛的胜负。第四，要有合作与公平的精神。第五，出国比赛要有国家的体面和尊严。为了使运动员养成良好的道德风尚，张伯苓明确提倡“运动仁侠的精神”，并对“仁侠”运动员的资格标准作了具体规定。正是在“运动仁侠的精神”的熏陶和教育下，南开涌现出了闻名全国的以郭毓彬、“南开五虎”篮球队为代表的优秀运动员和运动队。他们影响、带动了全校同学的体育运动。南开的运动员保持了良好的体育运动风尚。蔡元培曾赞扬当时的南开体育运动：“贵校体育号称发达”，“体育已臻传统”。

——竞争奋斗体现着时代精神

现代奥林匹克运动中有一句著名的格言：“更高、更快、更强。”这一格言是顾拜旦的好友、巴黎阿奎埃尔修道院院长迪东（Henri Didon）在他的学生举行的一次户外运动会上，鼓励学生们时说过的一句话。顾拜旦借用过来，将这句话用于奥林匹克运动。1920年国际奥委会正式将这句话确定为奥林匹克格言。这句奥林匹克格言虽然只有短短6个字，但其含义非常丰富，它不仅表示了在体育竞技运动中要不畏强手，敢于拼搏，敢于胜利，永不满足的奋斗精神，而且鼓励人们在自己的生活和工作中也要不甘平庸，要朝气

第一届奥运会的海报

蓬勃，不断进取，超越自我，将自己的潜能充分发挥出来。竞争是现代体育运动的基本形式和奥林匹克精神的核心之一，也是推动人类社会进步的重要动力。

在张伯苓的教育思想中也有一种自强不息、拼搏进取、竞争奋斗的精神，这同奥林匹克格言“更高、更快、更强”是一致的。张伯苓说：“《易》曰：‘天行健，君子以自强不息。’彼之所谓天行健者，乃指昼夜相承，春秋代继，无时或已，长此不息而言也。吾人读此，则进取精神自然得矣。”他要求南开人要能够接收新事物、善于接收新事物，并且善于创造新事物，做新事物的创始者；南开人要赶上时代，不能落伍，不能落后于时代，要走在时代前列。中心意识就是要南开人日新月异，保持一种进取精神。张伯苓说：“南开学校，永远是随着时代进展的，以后对于学生之如何训练？课程之如何切实，当然更要与时俱进。”张伯苓重视体育，对南开的体育运动倾注了大量精力。他就是凭着这样一股顽强拼搏的精神开创了中国近代教育的先河。他提倡“苦干、穷干、硬干”的坚韧不拔的精神来发展南开的教育事业，他认为体育竞赛的这种积极向上、拼搏进取、竞争奋斗的精神可以充实人格教育，来实现办好南开学校的宏愿。他希望通过南开人的不懈努力，使南开达到“能与英国之牛津、剑桥，美国之哈佛、雅礼（即耶鲁）并驾齐驱，东西称盛”的远大抱负。正是在这种精神的鼓舞和激励下，南开的体育在中国体育发展史上留下了辉煌的篇章。

——热心传播奥运理念，追求世界和平、友谊、进步

顾拜旦不仅是一位爱国主义者，更是一位国际主义者。他具有广阔的胸怀和追求世界和平，为人类的进步事业奉献的精神。在他的理想中是“体力和脑力的结合，相互帮助和竞争的结合，崇高的爱国主义和智慧的世界主义的结合”，是“人类团结的重要节日”与和平的象征。基于这样宏大的理想，他赋予奥林匹克主义以“和平、友谊、进步”的内涵，他设计的“五环旗”昭示着世界人民的友好团结。在顾拜旦的身上我们能够看到爱国主义和国际主义的高度统一，正是这种高度统一，使得他倡导的奥林匹克主义能够突破狭隘的民族主义，超越体育运动本身，引领世界上不同种族、不同文化、不同信仰的人们去追求人类社会的真、善、美，把体育运动的发展融入世界和平、进步、团结的洪流之中，使之成为促进人类社会进步发展的一项事业。

顾拜旦的奥运理念也深深地影响了张伯苓，他用自己的实际行动传播着奥运精神。从1907年10月24日发表演说，提出中国最早的“奥运战略”，到1910年10月组织召开第一次全国学界运动会，发起成立全国学校区分队第一次体育同盟会，到1911年创议组织远东体协和远东运动会，成为世界上第一个与国际奥委会建立关系的区域性国际体育组织，到1924年7月创立全国体育管理机构中华全国体育协进会，使之成为实质意义上的中国奥委会，到1932年7月组成参加在美国洛杉矶举行的第十届奥运会的中国代表队，向全世界宣告中国奥林匹克运动的存在，张伯苓在通向现代奥林匹克运动目标的大路上留下了一个个清晰的脚印，使中国体育人适时地融入了以追求和平、进步、团结为主旨的国际奥林匹克大家庭。

30.记住张伯苓

事实证明，张伯苓是对于奥林匹克运动精神倡导最早、理解最深、实践最多的中国人之一。他对奥林匹克主义的不懈追求，对奥林匹克教育的推行，使他成为当之无愧的中国奥运第一人。

张伯苓是著名爱国教育家，是被胡适称为“中国现代教育的一位创造者”。早在青年时代就投身教育，以凌厉的锐气和喷薄的活力先后创办南开中学、南开大学、南开女中、南开小学、重庆南开中学，接办自贡蜀光中学，树立了一个难以逾越的私立教育的典范。

张伯苓也是近代一位有代表性的体育活动家，在旧中国长达30多年的时间里，历任天津体育协进会会长，华北体育联合会会长，中华全国体育协进会会长、理事长，华北、全国及远东运动会总裁判长等职，是中国近代体育史上举足轻重、引导风尚的人物。从20世纪初至中期，他为推动中国奥林匹克运动做出了重要贡献，拥有八个“最早”：

——最早提出：中国要加入国际奥林匹克大家庭

据学者研究，张伯苓关于奥运会的最早公开言论是在1907年。这年10月24日，他在天津基督教青年会礼堂举行的第五届学界运动会颁奖仪式上发表演说，从天津青少年学生的这次体育比赛活动，想到了中国将来体育运动的发展，最早表达了中国参加国际奥林匹克运动的愿望。他说：“此次运动会的成功，使我对吾国选手在不久的将来参加奥运会充满了希望。去年雅典奥运会期间，虽然许多欧洲国家奥运选手技术水准很差，得奖希望渺茫，但他们仍然派许多选手参加，照此看来，我国应立即成立——奥林匹克运动会代表队。”张伯苓建议中国加紧准备，筹建奥运会代表队，争取早日参加奥运会。

——最早观摩：亲临伦敦奥运会现场

1908年8月，张伯苓作为直隶省代表受派赴美国参加世界第四次渔业大会，会后顺路到欧洲考察教育。当时，正值英国伦敦举行第四届奥运会。张伯苓在考察间歇前往赛场，亲眼目睹了大会的盛况。由此，张伯苓不仅成为亲临现场观摩奥运会的第一个中国人，而且他更坚定了在自己的祖国推进和发展奥林匹克运动、建设一个繁荣富强的中国的信念。1909年1月，张伯苓回国。他在南开校园向学生介绍了亲眼目睹的伦敦奥运会盛况，激起青年学生们对奥运会的浓厚兴趣和无限向往。

张伯苓像

——最早提名：出席奥运会的代表

1928年，中国获准派团参加在荷兰阿姆斯特丹举行的第九届奥运会。中华全国体育协进会召开会议进行研究，决定不派运动员参赛，只派代表作为观察员出席，认为张伯苓是合适人选，便将协会意见通知了他。张伯苓接函后复信，表示极愿担任中国代表，只惜该届奥运会开会在7月间，而他出洋时期系订于11月，二者相距日限过远，实在无法迁就，尚迄诸公费神别推相当代表前往。张伯苓不便成行，只得改派他人。时任国际奥委会委员、中国政府外交部长的王正廷，电请正在美国春田体育学院学习的全国体协名誉干事宋如海以中国副代表和观察员身份，由纽约径往阿姆斯特丹。由此，张伯苓是被最早提名出席奥运会的中国代表，虽未能成行，仍不失为一个历史记录。

——最早践行：奥林匹克教育进入课堂

张伯苓在南开推行的体育教育是奥林匹克精神在东方的早期实践。他很早就在学校开展了奥林匹克教育，并于20世纪20年代把奥林匹克运动列入体育教学大纲。1929年10月印成的《天津私立南开中学一览》的“学科”部分，对初、高中的教学方针、教学目的、教学内容和教学方法及课程、教材等作了详细规定和说明，强调教育的主目标是“为培养学生使之有适应现代生活及解决问题之能力”，其中高中体育教育明确规定了要讲授“西洋体育史概要”；“世界，远东，全国，华北运动会之历史及组织法”；“世界通用运动计分法”等，张伯苓不仅要学生学习体育知识和技巧，更要构建一种生活方式和生活态度，培养一种体育文化，从而提高整个民族的身体素质和文化素质。张伯苓在南开的体育教育实践，展示了中国近代教育与奥林匹克运动之间的和谐交流、互相促进的关系。

——最早倡导：组织“远东奥林匹克运动”

张伯苓积极参与和推进亚洲国家的体育交流，对奥林匹克运动在亚洲的发展有开创之功。他与天津基督教青年会体育干事葛瑞，菲律宾体育协会主席布朗及日本青年会干事克朗发起组织远东业余运动协会和远东运动会。远东运动会在宗旨上、组织上秉承了奥林匹克运动之精髓和规制。远东运动会原名远东奥林匹克运动会，每两年举行一次，举行地点经议决由三国大城市轮流承办。1920年被国际奥委会承认，是世界上第一个与国际奥委会建立关系的区域性国际体育组织。张伯苓是远东体协成员之一，参加过第二、三、五、八、九届远东运动会，并曾任中国领队和大会总裁判。南开学校几乎每届都有代表中国参赛的运动员。

1946年张伯苓(左二)与胞弟张彭春(左三)一家人在纽约合影

——最早创建：中华全国体育协进会

1924年，中华业余运动联合会与中华体育协进会筹备处在东南大学举行大会，将两会合并成立“中华全国体育协进会”，推选张伯苓为名誉会长，王正廷为名誉主席董事，以后多年主要职员仍是张伯苓等人。中华全国体育协进会起初虽无政府的支持，但作为全国性体育团体和中国的奥林匹克组织，积极开展各种活动，推动全国和各地区体育运动，出版全国体育的法规性文件，介绍各类运动规则，为推动中国奥林匹克运动的开展，起到了不可忽视的作用。张伯苓为密切中国与国际奥委会的联系作了大量的实质性工作。1931年国际奥委会正式承认中华全国体育协进会为中国的奥林匹克委员会，该会选拔运动员参加了第十届和第十一届奥运会。正如张伯苓所说："我国体育事业之发展及在国际上得有相当地位者，本会不无微功。"

1929年张伯苓与夫人及儿子张希陆(左一)、张锡羊(右一)、张锡祚(左二)、张锡祜（右二）合影

——最早促成：中国奥运健儿参赛

1932年7月，第十届奥运会在美国洛杉矶举行。南京政府一再宣称不派代表出席，而日本则加紧策划所谓"满洲国"的代表参加，激起京津沪等地舆论的强烈反对。以张伯苓为首的中华全国体育协进会，出面筹募资金选派运动员参加奥运会，并与张学良、王正廷、郝更生等促成运动员刘长春代表我国出席奥运会，中国代表也第一次与其他参赛国一起登上观礼台的荣誉席，写下了中国奥运史的重要一页。张伯苓特地为第十届奥运会题词："智力竞新，强国之鉴"。

——最早发起：中国要举办奥运会

张伯苓直到晚年仍积极倡导奥运精神，构想中国加入奥运大家庭的蓝图。1945年，日本刚刚宣布无条件投降不久，张伯苓即于9月7日假重庆青年会举行中华全国体育协进会常务理事会议。他从战后世界形势的发展出发，强调国际体育活动的必要性，会议一致同意约请1952年第十五届奥运会在中国举行，并委托张伯苓和王正廷负责"向政府商洽"。这是中国有史以来第一次正式“申奥”的活动。此后还促成了中国派出33名运动员参加1948年在英国伦敦举行的第十四届奥运会。张伯苓在旧中国为奥林匹克运动奋斗了近半个世纪。

2007年12月，国际奥委会主席罗格先生在致《中国奥运先驱张伯苓》一书的贺信里，高度肯定了张伯苓先生“为在中国实现和推进奥林匹克精神所做出的不懈努力和杰出贡献。”

罗格主席在贺信中写道：

> 2008年8月，北京市与全中国人民将邀请世界各国人民欢聚一堂，共同庆贺“同一个世界，同一个梦想”的奥林匹克盛事。这个首次在北京举办的盛会，将圆了一个中国人——张伯苓先生一个世纪以前表达的梦想，那就是看到他的祖国成为奥林匹克事业的一部分。
>
> 张伯苓与顾拜旦先生是同时代人。顾拜旦重新创立了现代奥林匹克运动，仅仅几年之后，张伯苓与合作者一起创办了天津南开中学，张伯苓首先也是一位教育家，并且是一位体育家。他认识到，在提倡普及与参与体育的同时，把教育同体育结合在一起具有重要意义。他同时卓有远见地倡导中国加入世界奥林匹克运动。
>
> 张伯苓提出的中国奥运的梦想，将会随着第二十九届奥林匹克运动会的开幕而实现。天津也将成为这一盛事的一部分，因为天津奥林匹克体育中心体育场将承办本届奥运会的足球预赛，这就将见证奥林匹克运动的价值及理想——追求卓越、友谊与尊重。

罗格主席最后特别认同张伯苓——这个充满激情和信念的人所传递出的精神——奥林匹克运动不仅是竞技体育，更是一种思想境界。

让我们记住中国奥运第一人张伯苓先生，不仅记住他的业绩，更要记住他的思想境界，为实践《奥林匹克宪章》，传播奥林匹克精神，推进奥林匹克运动，建设一个更加美好的世界而继续奋斗！

参考文献

《中国奥运先驱张伯苓》，孙海麟主编，人民出版社 2007 年版

《重读张伯苓》，沈卫星主编，光明日报出版社 2006 年版

《允公允能日新月异——南开大学校长张伯苓》，梁吉生著，山东教育出版社 2003 年版

《张伯苓与南开大学》，梁吉生，山西教育出版社 1995 年版

《张伯苓传》，郑致光等著，天津人民出版社 1989 年版

《张伯苓的大学理念》，梁吉生主编，北京大学出版社 2006 年版

《张伯苓教育言论选集》，王文俊、梁吉生主编，南开大学出版社 1984 年版

《张伯苓与张彭春》，龙飞等著，百花文艺出版社 1997 年版

《天津中华基督教青年会与近代天津文明》，天津中华基督教青年会，天津人民出版社 2005 年版

《中国近代教育史》，陈景磐编，人民教育出版社 1980 年版

《天津教育大事记》（上下），天津市地方志编辑委员会

《天津教育史》（上），赵宝琪等主编，天津人民出版社 2002 年版

《天津近代教育史》，张大民主编，天津人民出版社 1993 年版

《南开人物志》（1、2），南开大学办公室，南开大学出版社 1999 年版

《天津南开中学建校 85 周年纪念专刊》，1989 年

《天津南开中学建校 90 周年纪念专刊》，1994 年

《百年南开纪念画册》，《百年南开》摄制组编辑，中国社会出版社 2004 年版

《品味南开》，贾长华主编，百花文艺出版社 2004 年版

《解放前南开中学的教育》，杨志行、纪文郁、李信主编，天津教育出版社 1989 年版

《杨志行传》，孙海麟、周鸿飞、武佩铃编著，人民出版社 2007 年版

《近代天津十二大教育家》，天津市政协文史委主编，天津人民出版社1999年版
《天津通志·体育史》，天津地方志编修委员会编，天津社科院出版社1994年版
《津门校史百汇》，张绍祖著，天津人民出版社1994年版
《近代天津名人故居》，李正中等主编，天津人民出版社2002年版
《南开春秋》，南开区文史资料编辑委员会

后 记

第二十九届奥林匹克运动会，将于2008年8月8日在北京隆重开幕，这是全球瞩目、海内外中华儿女期盼已久的体育盛会和文化庆典。在这具有历史意义的时刻，我们不能忘记在中国推进奥林匹克运动的先驱者们，张伯苓先生就是这个队伍里的一员。

张伯苓先生是一位忠诚的爱国主义战士，对于生他养他的祖国，有着强烈的归属感与责任感。他早年入北洋水师学堂，曾有志于海军救国。清王朝丧权辱国的现状破灭了他的梦想，转而寻求新的强国之路，决心“献身于教育救国事业”。

在其后的教育实践中，张伯苓形成“强国必先强种，强种必先强身”，“无论学校与社会，必须德智体群四育并重”，“教育里没有了体育，教育就不完全”等教育和体育思想，与生活在同一个时代的顾拜旦倡导的奥林匹克精神产生心灵契合与思想共鸣。

张伯苓先生的历史功绩在于，他不仅最早提出中国要参与奥林匹克运动，而且以数十年如一日的韧性，为在中国推进奥林匹克运动进行了不懈的奋斗，包括建立起中国与国际奥林匹克大家庭的联系。

中国与国际奥委会的最早联系始于1912年。就在这一年，张伯苓与天津基督教青年会、菲律宾体育协会、日本青年会人士，发起组织远东业余运动协会和远东运动会。由于中国积极筹办和参与远东运动会，从而与国际奥委会发生了最早的联系，国际奥委会曾通知中国准备参加1916年奥运会和国际奥委会会议，但由于第一次世界大战爆发而未能实现。

1920年，国际奥委会正式承认远东运动会和远东体协。远东体协成为世界上第一个与国际奥委会建立联系的区域性国际体育组织。1921年，在上海举行第五届远东运动会时，国际奥委会选派了日本委员嘉纳治五郎为代表出席并致词。在参加远东运动会过程中，中国与国际奥委会有了最初的联系。

但是，由于旧中国灾难深重，民不聊生，被西方国家讥讽为“东亚病夫”，虽然参加了第十、十一、十四届奥运会，最终只能带着“零”的纪录饮恨而归。

1952 年 7 月，新中国第一次组队参加了在芬兰赫尔辛基举行的第十五届奥运会，中国的五星红旗第一次飘扬在奥运会的赛场上。此后由于某些国际势力刻意制造“两个中国”，在向当时的国际奥委会抗议未果的情况下，中国奥委会被迫于 1958 年 8 月 19 日宣布断绝与国际奥委会的关系。

1979 年 11 月，国际奥委会以 62 票赞成、17 票反对、2 票弃权表决，通过了国际奥委会执委会作出的关于恢复中国奥委会在国际奥委会合法地位的《名古屋决议》，确认代表中国奥林匹克运动的是中国奥委会，设在台北的奥委会作为中国的一个地区体育组织留在国际奥委会，其名称为中华台北奥委会（英文名称为 Chinese Taipei Olimpic Committee），并要求其修改会歌、会旗、会徽及章程。1981 年，国际奥委会与中华台北奥委会在瑞士洛桑正式签订协议，中华台北奥委会正式改称，并确定了其新的会歌、会旗、会徽。

1984 年 7 月，许海峰在洛杉矶奥运会射击场上，打破了中国在奥运会上金牌“零”的纪录，吹响了中国运动员全面进军现代奥林匹克运动的号角。从那以后，中国连续派出大型体育代表团，参加了汉城、巴塞罗那、亚特兰大、悉尼、雅典奥运会，中国选手先后夺得 112 枚金牌，96 枚银牌，78 枚铜牌，奖牌总数 286 枚；中国还参加了 1980 年以后的历届冬奥会、残奥会，在 2002 年美国盐湖城冬奥会上实现金牌“零”的突破，在残奥会上获得多枚金牌，显示了中国改革开放以来在体育战线上所取得的辉煌成就。

从张伯苓先生提出中国要参与奥林匹克运动，到北京奥运会即将举办，一百年过去了。中国人在践行奥林匹克理念方面，走过了一条坎坷的道路。为了让更多朋友了解张伯苓，认识张伯苓，我们根据大量史料和研究成果，编撰了这本《中国奥运第一人——张伯苓的故事》，力图以翔实的史料告诉读者一个事实：现代奥林匹克理念是全人类拥有的共同财富，早在一百年前的 1907 年，在寻求强国之路艰难跋涉中的先进的中国人，就提出了中国要参与奥林匹克赛事，要参加国际奥林匹克大家庭，要邀请奥运会到中国举办。这充分说明，在追求与传播现代奥林匹克理念方面，中国人没有落伍，炎黄子孙同样拥有美好的梦想。

第二十九届奥运会正在向我们走来。世界各国人民的目光都在注视着北京。让我们坚持“绿色奥运、科技奥运、人文奥运”三大理念，为把第二十九届奥运会办成一届“有特色、高水平”的奥运会而努力奋斗！

2008 年 3 月 1 日